# 《老重庆影像志》

## 老码头

巴国故都,自古扼踞水路要冲。两江汇流,万民累居,商旅辐辏,百业兴旺。三教九流,千役百工,南拳北腿,各显神通。数千年来,由码头而集市,由集市而城池,开埠以降,遂为一大都市矣。依山为城,凭水而兴。江河码头,成就了重庆的辉煌。

大江东去,风华如斯?

且回首,

探码头文化的来龙去脉,

说码头经济的沉浮兴衰。

戴渝华 编著

重庆出版集团 重庆出版社

## 图书在版编目（CIP）数据

老码头／戴渝华编著．—重庆：重庆出版社，2013.6
（老重庆影像志／王川平主编）
ISBN 978-7-229-06536-2

Ⅰ．①老… Ⅱ．①戴… Ⅲ．①码头－历史－重庆市－图集 Ⅳ．① F552.9-64

中国版本图书馆 CIP 数据核字（2013）第 103903 号

# 老码头
## LAO MATOU

| | |
|---|---|
| 丛 书 主 编 | 王川平 |
| 丛书副主编 | 刘豫川　邵康庆 |
| 编　　　著 | 戴渝华 |
| 资 料 提 供 | 重庆中国三峡博物馆　邓晓笳　士伏　何智亚　郭文华　戴前锋 |
| 策　　　划 | 郭宜　邓士伏 |
| 责任编辑 | 邓士伏　杨帆 |
| 封面设计 | 郭宜　刘洋 |
| 版式设计 | 邓士伏　杨帆 |
| 责任校对 | 娄亚杰 |
| 电脑制作 | 肖琴 |

重庆出版集团 出版
重庆出版社

重庆市南岸区南滨路 162 号 1 幢　邮政编码：400061　http：／／www.cqph.com
重庆市开源印务有限公司印制
重庆出版集团图书发行有限公司发行
E-MAIL：fxchu@cqph.com　邮购电话：023-61520646
全国新华书店经销

开本：787mm×1092mm　1/16　印张：10.25　字数：206 千
2013 年 5 月第 1 版　2018 年 10 月第 2 次印刷
印数：4001—6000
定价：27.00 元

如有印装质量问题，请向本集团图书发行有限公司调换：023-61520678

**版权所有·侵权必究**

# 目 录

## 总 序 ... 1

## 重庆码头的形成与发展 ... 4

城因水兴，重庆以水得舟楫之便 ... 4

舟楫之利，催生了峡江码头的诞生 ... 6

经济社会发展，促进了重庆码头的繁荣兴盛 ... 8

重庆开埠，刺激了重庆码头的变革发展 ... 10

战时首都，造就了重庆码头的空前繁荣 ... 14

## 重庆的水上门户——朝天门 ... 18

朝天门码头 ... 18

## 长江段主要码头 ... 27

嘉陵码头 ... 27

月亮碛码头 ... 29

东水门码头 ... 30

望龙门码头 ... 30

太平门码头 ... 34

... 36

| | |
|---|---|
| 储奇门码头 | 37 |
| 金紫门码头 | 39 |
| 南纪门码头 | 39 |
| 菜园坝码头 | 41 |
| 铜元局码头 | 42 |
| 黄葛渡码头 | 44 |
| 龙门浩码头 | 45 |
| 海棠溪码头 | 49 |
| 玄坛庙码头 | 51 |
| 弹子石码头 | 53 |
| 王家沱码头 | 55 |
| 梁沱码头 | 56 |
| 大佛寺码头 | 57 |
| 唐家沱码头 | 60 |
| 明月沱码头 | 61 |

| | |
|---|---|
| 九龙坡码头 | 62 |
| 几江码头 | 63 |
| 白沙码头 | 64 |
| 长寿河街码头 | 65 |
| 西沱码头 | 66 |
| 白帝城古码头 | 68 |
| **嘉陵江段主要码头** | 110 |
| 江北嘴码头 | 110 |
| 临江门码头 | 112 |
| 千厮门码头 | 113 |
| 磁器口码头 | 117 |
| 北碚码头 | 119 |
| 合川钓鱼城水军码头 | 120 |
| **乌江段主要码头** | 124 |

| | |
|---|---|
| **其他河流码头** | |
| 羊角碛码头 | 124 |
| 龚滩码头 | 130 |
| 老关嘴码头 | 133 |
| 龙潭大码头 | 133 |
| 路孔码头 | 136 |
| 安居码头 | 138 |
| | 140 |

# 总序

《老重庆影像志》

王川平

等等方面，尤其是对老重庆的个性与嬗变、老重庆的灵性与魂魄、老重庆的根与源，力图以图文并茂的表述引起读者的注意，与读者作寻根之旅。本丛书的作者与编者，都是从事文物、图书、档案、出版、历史和文化研究等方面工作多年的优秀人选，既有丰富的实际经验，又有专门知识方面的学术积累，并尽可能在文字处理上通俗、生动、准确。丛书使用的两千多张历史照片，许多是第一次公开出版，足见其珍贵和罕见。

重庆是一座具有世界历史与文化价值的城市，对于这一点，笔者在主编该丛书及撰写《老房子》的过程中坚信不移。这不是直辖后的文化自大，而是遵循"实史求是"的原则准确对待重庆历史得出的结论，是依据古为今用的原则建设重庆新文化的需要。可惜的是我们总以为自己的文化家底不够厚，其实是我们现时的努力离目标还有较大的距离。令人高兴的是直辖之初，笔者提出把重庆建设成为与长江上游经济中心相适应的文化中心的文化建设远期目标，已经为越来越多的市民所接受，正在成为这座城市的规划和行动。从这个意义上说，《老重庆影像志》丛书的出版，确实是一件可喜可贺可敬之事。

## 看着这座古老的城市慢慢长大

尽管重庆直辖才十年，但它却很古老；尽管重庆正以惊世的速度在长高、长壮，但它曾经十分古朴而低矮；尽管重庆一天天在变得靓艳，但它灰蒙蒙而沉甸甸的底色仍存留在记忆之中。当楼房的样式和市民的生活越来越趋于类似的时候，这座城市的文化性格与城市品质就变得像空气和水一样重要和宝贵。

历史与现实就是这样复杂，这样磕磕碰碰。重庆的文化人一方面惊讶于这座城市成长的速度，一方面惊讶于在此速度拉动下消逝了的那些值得保留的东西。这种惊讶同样是复杂和美好的，因为他们不因惊讶而停住手脚，停止思考与行动。眼前这套《老重庆影像志》丛书就是他们这种努力的一部分。

《老重庆影像志》丛书共十本，分别是《老城门》、《老房子》、《老街巷》、《老码头》、《老地图》、《老广告》、《老档案》、《老行当》、《老风尚》和《老钱票》。它们从不同的视角，管窥这座城市的昨天，内容涉及市政变迁、政治演变、经济发展、市井生活、文脉流转传承

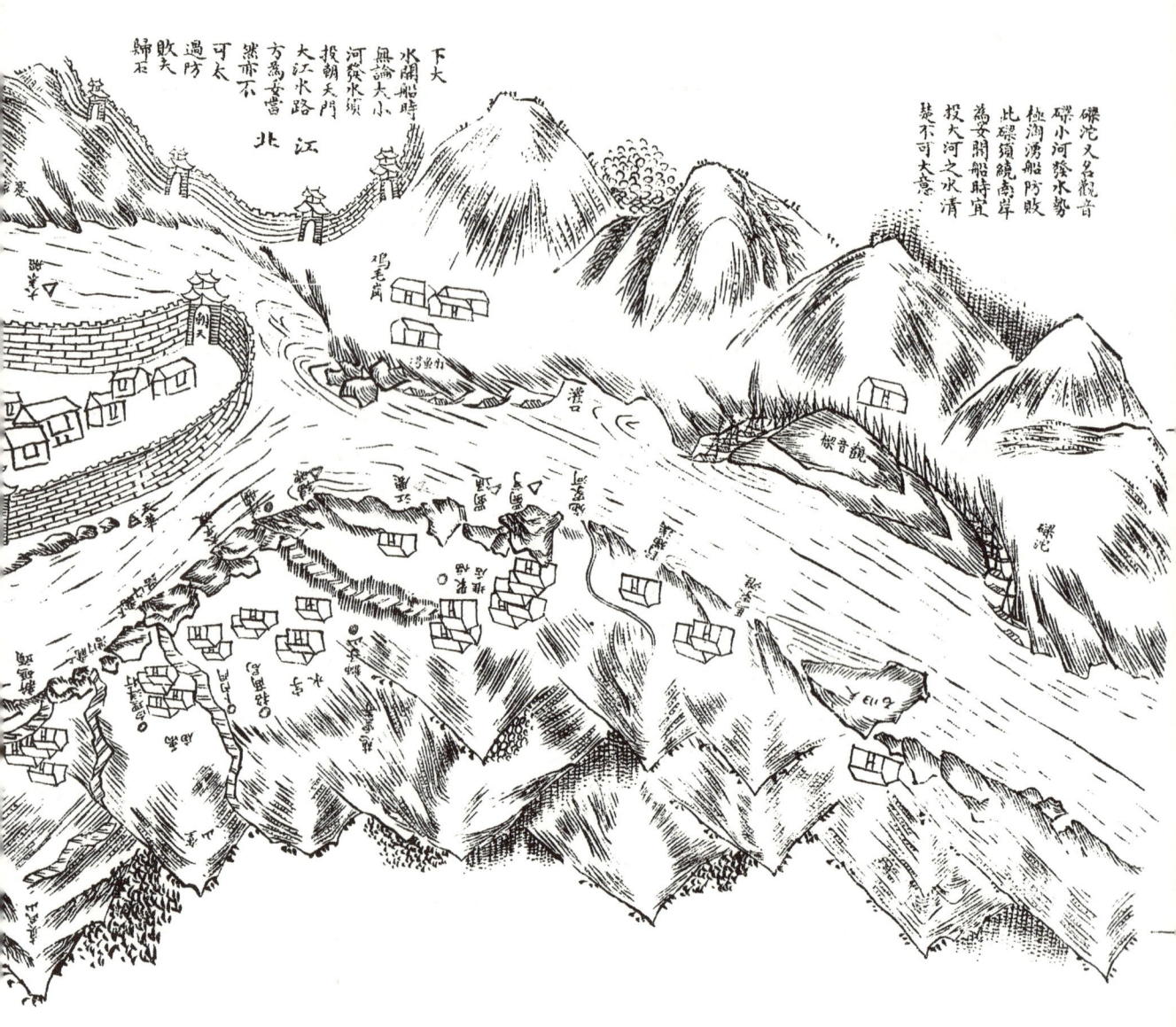

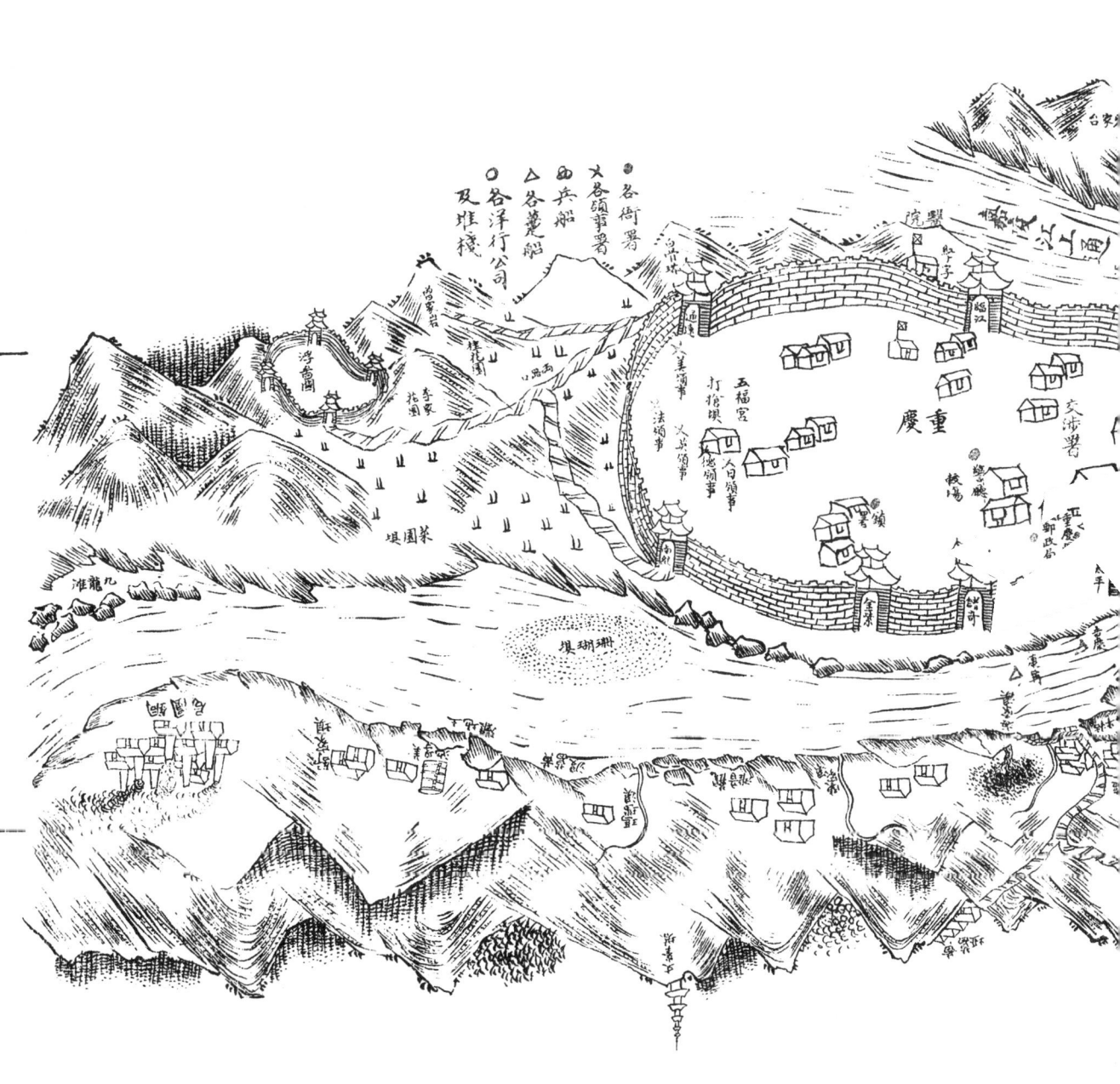

## 重庆码头的形成与发展

重庆，这座古老的历史文化名城，以自己悠久的历史，万千的气象，独特的风貌，秀丽的山川而名闻遐迩。

长江、嘉陵江、乌江等众多河流，在重庆这片古老的土地上纵横交错，迂回环绕，浩浩流淌。在江河交汇，水陆衔接，交通方便，利于人们避风、泊宿、装卸货物的河岸，有着无数的老码头。了解这些码头的过去和现在，研究这些码头的起源、形成、兴衰与发展，整理重庆先民积淀的历史财富，对于今天实施西部大开发战略中的重庆建设、增强重庆对外的辐射力和吸引力，对于以人为本、构建和谐社会，对于进一步改善我们的生存环境、拓宽我们的活动空间，对于青少年进行唯物主义和爱国主义教育，都是很有必要的。

### 城因水兴，重庆以水得舟楫之便

上天赐予重庆独特的恩惠。存在于大山大水之中的重庆，依山而立，傍水而兴，山环水绕。这得天独厚的山水条件，使重庆这座特大城市成为著名的山城、江城。

重庆是山城。北有大巴山，南有大娄山，东有巫山，中西部为平行岭谷，

老码头

远古先民沿江定居，进而学会了渔猎生活和制造土船，在三峡地区兴起古代巴人在三峡地区兴起了"木为舟"的航行。约四千年前刳木为舟和制造土船开始了伐筏用于滞水渡江航行。最原始的航行。

区域内丘陵广布，主城高踞在华蓥山余脉上，城区周围群山矗立。山是重庆城市的载体，又是城市的有机组成部分，重庆的空间布局、城市形态、城市景观和城市的建筑风格，都具有鲜明的个性特征。山上有城，城中有山，重庆人早就用山丘地形命名街道，如：山、岩、坡、梁、坎、梯、坪、坝、岗、岭、垭、塆、堡等，反映了重庆是一座名副其实的山城。

重庆是江城。市域内江河纵横，水网密布，除长江及其主要支流嘉陵江、乌江外，流域面积在3000平方千米以上的河流有10条，流域面积在30～50平方千米以上的河流有436条。主要江河有长江、嘉陵江、涪江、渠江、綦江、琼江、御临河、龙溪河、赖溪河、小安溪、乌江、芙蓉江、龙河、郁江、唐岩河、大溪河、小江、磨刀溪、大宁河、任河等。境内河流均属长江水系。重庆依山为城，长江、嘉陵江在重庆城区蜿蜒穿过，长江绕其东南，嘉陵江绕其北面，两江交汇于市区朝天门，使主城形如半岛。城中有江，江边建城，古老的重庆城便建在两江四岸的广袤台地上，重庆的很多城镇街区地名就直接反映了所处的河流地形，如：江、岸、川、津、水、溪、滩、沱、浩、沟、湾、渡、碛、碚等。江，是重庆的交通动脉之一，也是城市的主要水源，成为城市结构的有机组成部分，说明重庆是一座地地道道的江城。

城因水兴，水促进了重庆的发展。自古以来，重庆以水得舟楫之便，以山取物生之利，这山与水的结合，在自然经济为基础的封建性农业社会，造就了重庆几千年来百物聚散，商贾云集，与沿江城镇交往频繁，逐渐成为我国西南重镇和长江上游的物资集散中心。

江河是人类的摇篮，是人类生息繁衍的血脉。在愚昧无知的远古蛮荒年代，在自给自足的自然经济占主导地位和生产力低下的古代社会，人类依靠江水生存和发展，依靠江河航运往来通行。而江河岸边的码头，往往是舟楫船舶躲避

开埠时期的朝天门码头

风浪与停靠的港湾，是人们进行集市贸易、集散货物的场所，人们在这里进行商品交换，获取生活用品；在这里进行人际流动，了解或通往外面精彩的世界；官方也在这里设立机构实施行政管理，久而久之，滨江繁盛的码头渐渐演变为城镇。重庆先民聚于江河，长于码头，依附于码头产生的生活环境，经年累月，积淀了丰厚的历史底蕴，形成了深厚的地域文化。可以说，有了码头，才有了兵家扼守的要津，有了商贾如云的城镇，有了三教九流与行帮会馆，有了历经沧桑的码头文化。从这个意义上说，码头是城镇形成的基础，是现代城市的母体，没有码头，就没有沿江的城市，今天的重庆就是从昔日江边的水码头脱胎而出，逐渐发展成长起来的。

## 舟楫之利，催生了峡江码头的诞生

长江，我国的第一大河，一条贯穿我国东西、承接大江南北的咽喉要道，一条古老而秀丽、灿烂而厚重的中华民族的母亲河。她哺育了江水流域地区千千万万的华夏子孙，她是华夏文明的摇篮。

长江，从我国青藏高原的唐古拉山脉主峰各拉丹东雪山发源，一路奔腾而下，穿过崇山峻岭，汇集百河千川，流经青、藏、滇、川、渝、鄂、湘、赣、皖、苏、沪11个省、市、自治区，最后注入东海，全长6 397千米。

重庆地处长江上游，长江由西向东斜贯重庆市境，上自重庆江津区朱沱镇史坝沱入境，下至巫山县扁鱼溪出境，长江重庆段共长665千米。江流穿行于平行岭谷区，切岭成峡，入谷成沱，汇集众多河流，滚滚东去，是我国西南地表水东

小木船组成的水上过道

纤夫们正牵引着穿越三峡的帆船

泄入海的唯一通道。长江这条黄金水道，在山高谷深，落差悬殊，礁石嶙岣的重庆境内，水流湍急，滩险密布，峡谷连绵，华龙峡、猫儿峡、铜锣峡、明月峡、黄草峡、瞿塘峡、巫峡等，崖险峡峻，奇特壮观。江水进峡时，巨大的水流挤入狭窄的河道，形成的急流让人望而生畏，世称"峡江"。古人曾感叹："天下之险，莫险于峡江。"就是在这种独特艰险的自然环境中，重庆的先民——巴人肩负着历史的重任，在峡江地区艰难地辗转发展起来。

200万年前，峡江地区"已经有了人类的足迹"。远古先民沿江定居，生息繁衍，渔猎生活中逐渐学会了绑扎桴筏用于涉水渡航，进而学会了刳木为舟和制造土船，开始了峡江上最原始的航行。约4000年前，巴人在三峡地区兴起。古代巴人是水居民族，谙熟水性，习于舟楫。《后汉书·南蛮西南夷列传》、《世本》、《水经·夷水注》等文献，均记载了廪君造土船不沉而成为巴人首领的故事："昔巴蛮五姓，未有君长，俱事鬼神，乃共掷剑于石穴，约能中者，举以为君。巴氏子务相乃中之。又令各乘土船，约浮者，当以为君，唯务相独浮，因共立之，是为廪君。" 所谓"土船"，实际上是当时的一种陶器——陶船，这在渔猎经济时代已属先进的生活、生产技术。而造舟、驾舟杰出者，大家才公认为君长。1954年，在地处长江北岸的重庆冬笋坝沿江台地上清理发掘出巴人船棺，证明峡江地区至少在战国时已有了独木舟。舟楫的主要功能是以舟捕鱼和以舟涉水，说明那时独木舟已成为有效的水上作业工具和交通工具。重庆因有舟楫之利的优越地理位置，峡江码头，则伴随着远古巴人对桴筏、舟楫、土船的使用而出现了。码头，是江河岸边专供船只停靠、乘客上下、货物装卸的建筑物。而远古原始形态的码头，大都是依坡就势的自然岸坡，巴人驾乘桴筏、舟楫、土船来往于峡江上的一离一靠，那依坡靠泊的河岸，码头的雏形就诞生了。这时的码头，先民们一般选择在江水流速平缓，河岸沙滩平软，河面相对开阔，有利于桴筏、舟楫、土船停靠的沱湾。桴筏、舟楫、土船与河岸之间，只需两根绑扎的树干或一块砍削的木板搭跳即可，使舟船往来停靠便捷，人员上下方便。随着岁月流逝，在停

靠方便的码头河岸舟楫出入频繁，舟船停靠日多，泛江摆渡、涉江渡船与运卸货物、尤尚贸迁的人员也日渐增多。天长日久，商贾如云，舟楫如蚁，成为物资交换与集散的场所，进而逐渐形成人流涌动、摊贩林立、熙攘热闹的水码头。

## 经济社会发展，促进了重庆码头的繁荣兴盛

　　江州（今重庆市渝中区），地处长江、嘉陵江交汇处，三面环江，形如半岛。生活在两江台地上的重庆先民以江河作为滋养和依托，驾乘舟楫穿梭于江河之间，原始的商品交换，也开始逐步在江州码头发展起来。

　　公元前11世纪，巴人助武王伐纣，立下赫赫战功。周克殷商后，分封姬姓宗族于巴。"巴子都江州"，逐步控制了以长江、嘉陵江为腹心，"东起鱼腹（今奉节）、西至僰道（今四川宜宾）、北接汉中（今陕西南部）、南及黔涪（今彭水、黔江及黔东北和湘西北等地）"的巴渝地区。重庆作为长江上游政治、经济中心的地位，由此拉开帷幕。秦惠文王更元九年（公元前316年）秦灭巴后，重庆虽多经更迭，历为郡、州、道、府、路、县治所，但一直是个重要的货物集散地。在"蜀道之难，难于上青天"的时代，以水路为主的交通运输，使地处川西平原与吴楚丰饶地区之间的重庆，成为水上航运交通的必经之地，大量的舟楫停泊，商贾往来，商品集散，经济日渐繁盛。

　　由于重庆拥有两江之利，到汉晋时期，峡江水运有了更大发展，成为物资集散的重镇，重庆码头沿江一带"结舫水居五百余家"，多以运输为业，成为

笋溪河边的洗衣妇女

连接汉、沔、荆、襄的要津。从隋唐起，我国经济中心开始向南方转移，江南经济渐超北方。位于长江上游的重庆随着南方经济的发展和物资流量的增加，进出重庆码头的船舶数量随之增多，船舶设备日趋完善，峡江上出现了上至重庆，下至东吴的"万斛船"。重庆的青草坝梁沱、唐家沱、郭家沱等码头，水势平缓，水域辽阔，成为停泊和吞吐"万斛船"的集运港湾。诗圣杜甫曾感慨"蜀麻吴盐自通古，万斛之舟行若风"，用诗句概括描述了这一史实。宋元时期，重庆水运更为发达，随着这一时期农、工、商业的发展，峡江、嘉陵江不仅成为贡赋军需的重要漕运通道，重庆也成为整个四川百物萃聚及各类大宗物资转运集散的重要之地。粮食、布帛、丝绸、食盐、茶叶、药材等，经由重庆码头中转，运往京师与长江中下游地区。明太祖洪武四年（公元1371年），镇守重庆府指挥使戴鼎大兴筑城，筑成重庆形若九宫八卦的"九开八闭"17座城门。戴鼎所筑开9门中，除通远门建在山顶是西通成都的陆地门外，其他朝天门、东水门、太平门、储奇门、金紫门、南纪门、临江门、千厮门等8座开门均建在长江、嘉陵江边，城门外江岸都设有码头。 明清时期，重庆地区经济复苏，不仅贡输漕运规模空前，商运活动兴旺发达，还与上下沿江城镇码头组成贸易营运网络。这一时期，经重庆码头中转运出的物资首推川盐，黄沙溪码头一带，盐船帆樯林立，成为闹市。其次为茶叶、大米和木材，沿江码头茶、米装船下运，络绎不绝；江北沿江码头一带，木排"皆泊镇下，入夜灯光与岸上相应，真若一片星空"。云南、贵州的烟草、窖酒、山货、药材也经川南运抵重庆中转。滇铜、黔铅也一度成为重庆码头水路运输的大宗货物。据清王尔鉴于乾隆年间修编，嘉庆庚辰年镌刻出版的《巴县志》记载，当时的重庆"商贾云屯，百物萃聚，……或贩自剑南、川西、番藏

码头上的涛声客栈

之地，或运自滇、黔、秦、楚、吴、越、闽、豫、两粤之间，水牵云（运）转，万里贸迁"。

这时的重庆，已由历史上一个热闹的水码头，逐渐发展成有240余条街巷、25个商业行帮、150家各业牙行，八省商贾设立会馆，酒楼茶舍、市阛商铺、税号、钱庄，鳞次栉比。沿江从东水门到太平门、储奇门一带，川东道署、重庆府署、重庆镇署、巴县县署，以及府属、县属各署、厘金局、邮政局、海关、县文庙、城隍庙等，重庆的主要建筑和官署、部门、机构均设置在这一区域，长期成为重庆城的政治中心。到清嘉庆二十五年（公元1820年），重庆府地区人口空前增多，已突破300万大关，人口密度达每平方公里100人左右。清光绪时期，重庆商业更为发达，街头热闹繁华。据民国

赖溪河水车遗迹

《巴县志》记载，仅朝天门至储奇门沿江下半城一带，各业商家店铺就达1478家。重庆凭借优越的地理条件，凭借长期形成的吸引力和辐射力，以及巨大的发展潜力，初步成为区域性经济中心、长江上游最大的商业城市和货物集散重地。

## 重庆开埠，刺激了重庆码头的变革发展

1840年的鸦片战争，西方列强用坚船利炮打破了清朝政府的闭关锁国。从此，列强的经济侵略步步进逼，最大限度地从中国沿海和长江中下游地区，开始逐步推进到中国西南的腹心地带。峡江航运和重庆码头，也从此艰难地开始了它的近代历程。

如果说鸦片战争以后的 50 年时间，重庆仍是一个以自然经济为基础的封建性农业社会，商品经济虽有一定程度的发展，并开始受到西方列强经济冲击，但就社会经济而论，还没有发生质的变化。但从 19 世纪 90 年代后，社会经济的重大变化开始在重庆日益表现出来。1876 年 9 月 13 日，中英《烟台条约》的签订，英国取得了对重庆可"派员住寓查看"英商事宜的法律依据；1890 年 3 月 31 日，中英《烟台条约续增专条》的签订，确证"重庆即准作为通商口岸"，西方列强取得了强迫重庆开埠的侵略特权；1891 年 3 月 1 日，重庆正式开埠，揭开了重庆半殖民地半封建历史的篇章；1895 年 4 月 17 日，中日《马关条约》的签订，使中国进一步丧失了内河航运权，西方列强得到了几十年来梦寐以求通航峡江、上驶重庆的权利；1898 年 3 月 9 日，英国冒险家阿奇波尔德·约翰·立德乐驾驶"利川"号小火轮试航峡江，从宜昌溯江而上驶抵重庆朝天门码头，宣告了峡江轮船航运时代的到来。

码头小景

码头石梯上"吴蜀均沾"的石刻，表明了本埠人对移民四川的湖广客的宽容和大度

重庆开埠，是近代以来列强对华侵略扩张、进行经济掠夺的必然结果。一方面，列强以重庆为内陆门户，以峡江作为掠夺西南富饶资源和商品输出、打开内陆市场的重要通道，加速重庆沦为半殖民地半封建社会；另一方面，它冲破了中国内陆社会长期闭关自守的局面，带来了轮船和治河技术，刺激了重庆内河航运、轮船运输和码头管理的变革发展。

重庆这座有着悠久历史的江畔古城，凭着位于两大江河——长江、嘉陵江汇流处的独特优势，凭着日益重要的战略经济地位，为西方列强垂涎、觊觎。1891 年开埠后，重庆水域码头成为中国内陆最早的对外通商口岸。

小河湾内的船

中外杂沓，工商繁兴，南来北往的货物，东西上下的货源，皆在重庆码头吞吐集散，成为长江上游的物资储运地和商品交换的最大市场。随着外国资本入侵，商品经济发展，传统商品交换的方式和结构发生了较大变化：农副产品成批地输出，然而洋货却成倍地涌进，进口速度持续增长，贸易逆差急剧上升。进口洋货初期包括4大类40余个品种，主要为棉纱、布匹、煤油、汽油、纸烟、纸张、五金、颜料、火柴、肥皂、杂货、西药、面粉、化妆品、照相原料等物资；出口土货主要为山货、药材、桐油、榨菜、干菜、猪鬃、猪肠、羽毛、羊毛、麻类、生漆、胶蜡、夏布、白亚铅、黄白丝、土杂货等物资。开埠前，1875年进口洋货值为15.6万两（海关两），开埠后第二年即1892年为582.5万两，增加了37倍；到1911年，为1 900万两，增加了121.8倍。随着列强势力向长江上游的扩张，对重庆的经济侵略日益加剧，呼啸而来的洋货向内陆城镇大肆倾销，进出口贸易逆差日趋严重，步步上升。1892年逆差额为322万两，到1911年逆差额竟高达900万两。进口洋货的增长速度与重庆近代历史的发展，跳跃式地同步前进，重庆已成为仅次于上海、天津、武汉的第四大洋货销售中心。

随着列强商品和资本输出的同时，也极大地刺激了峡江航运事业和重庆码头的变革发展。峡江通航后，轮船日增，木船日衰，以重庆为枢纽的峡江轮船运输体系逐步形成，重庆成为近代西南的水运交通中心。1915年，峡江上第一个航道管理机构——"长江上游巡江工司"在宜昌成立，英国航海家薄蓝田出任主持长江上游巡江工司；同年5月，重庆海关设立"理船厅"，这是重庆第一个港务管理机构，对峡江航道和重庆水域各码头实施港务管理。峡江上先后开始设置信号站、标志船、指向标、水位标尺等助航设施，进一步推动了峡江航运的发展。1926年，重庆成立"川江航务管理处"，民生公司总经理卢作孚任处长，为争回川江航运权与海事裁判权，与外轮进行斗争，峡江航运管理权始由中国人控制。

在科技落后，生产力低下的封建社会，重庆特殊的地理环境，使得自古以来，许多沿江码头都属于自然岸坡式。开埠以后，中外轮船逐渐增多，城门狭窄，货物起卸困难，人流出入不畅，难以满足开埠后物资涌流集散与峡江轮船航运日益繁荣发展的需要。因此，从1923年起，重庆商会在"闭八门"的人和门外江岸，修建了重庆第一座客货轮码头——人和码头，拉开了重庆修建、整治码头的序幕。1926年，川军33师师长潘文华兼任重庆商埠督办公署督办，为筹备设市，扩建市区，提议扩充市政，修建码头，扩大码头港区作业范围。经督办公署行政会议决定，先后将朝天门、太平门、储奇门、金紫门、南纪门、千厮门等城门城墙全部拆除，改造自然岸坡，修建码头梯道，整治规范码头，使各地船帮按运输的不同物资，停靠相对固定的水域码头。经改造规范后，朝天门沙嘴为日用百货码头，东水门为散杂货码头，太平门为竹子码头，储奇门为山货、药材码头，金紫门为柑橘水果码头，南纪门为蔬菜、牲畜码头，临江门为糖类、石灰码头，千厮门为纸、盐、炭、棉花、皮革码头，菜园坝为粮食码头，兜子背则为木材码头。重庆码头的修建、整治，

码头石梯坎

以及重庆市政建设从无到有的初步实施,为重庆向近代化城市发展奠定了基础,也为重庆后来工商业的进一步繁荣与"陪都"时期的进一步发展创造了条件。

## 战时首都,造就了重庆码头的空前繁荣

1937年7月7日,抗日战争全面爆发。八年抗战期间,重庆作为中国战时首都,作为世界反法西斯远东战场的指挥中心,作为国共第二次合作的重要政治舞台,成为战时中国的政治、军事、经济、文化、外交中心。这为重庆的近代化提供了一次千载难逢的大好时机,使重庆从一个古老的商业城市,发展成为一个具有近代工业基础的中心城市;从僻处四川东部的一座省辖市,上升为一座国际反法西斯名城。

抗战前,重庆是长江上游的重要商埠,四川及西南地区贸易的总枢纽,其经济辐射能力之强和吸引面积之大,为西南诸省各城市之冠。但战前重庆交通运输事业,以水运较为发达,公路、铁路和航空运输较为落后。因此,抗战期间,峡江成为大后方交通运输的大动脉,峡江及支流航运交通迎来了历史上的黄金时期。抗战开始后,中国厂矿陆续内迁,来自华北、上海、济南、南京、长沙、武汉等地的钢铁、机械、军工、造船、纺织、化工等有关战时军需民用的成百上千家工业企业辗转迁渝。在这场"中国实业上的敦刻尔克大撤退"壮举中,以民生实业股份有限公司为代表的民族航运企业,临危受命,在极端艰苦困难

码头上待渡的背夫

渡口老吊桥

的条件下,在宜昌至重庆的峡江航线上,集中全部船只,采取分段运输、昼夜兼程等措施,在日机狂轰滥炸的日子里,经过40余天奋战,终于在宜昌失陷前,完成了全部内迁人员和军工物资的抢运任务,实现了中国近代工业史上规模空前、意义深远的"铁血西迁"。据统计,迁到重庆的工厂,约占迁川工厂的93%,占内迁工厂的54%,从而建立起一个以重庆为中心,东起长寿,西至江津,北接合川,南达綦江的新工业区,构筑了抗战时期中国最重要的经济基础,成为支撑中国抗战的工业"脊梁",支撑了抗战危局。

国民政府迁都重庆后,随着全国经济、政治重心的西移,重庆地区的工矿、交通运输业迅猛发展。党政机关、外国驻华使馆、世界著名媒体派驻机构,以及金融、邮电、教育、文化、科技、卫生、体育等机构大批迁渝,致使重庆城市人口猛增。抗战前,重庆人口不足30万,1941年已突破70万,1943年接近90万,到抗战胜利后的1946年,重庆人口已达124.5万。城市的迅速发展,人口的大量集中,对生产资料和生活资料的需求亦随之增大,促使重庆的商业、金融、交通、邮电、教育、科技、文化等事业获得空前飞跃发展,使重庆由一个封闭的内陆城市,崛起为大后方最大的工商业城市,跃居为大后方的经济中心。

随着城市的扩大,市政、公用事业也有了新的起色。城市道路、公路运输、机场建设有了长足发展,特别在水运业方面日益兴旺繁荣。军事物资运输、生产与生活物资调运,伤兵难民与出川部队输送,主要依靠峡江、嘉陵江与乌江等内河航线,致使轮船航运业发展迅速。1945年,重庆的轮船公司已有15家,总吨位达73682吨,比抗战前增加2.12倍。由于抗战军需民用品运量猛增,轮船运

输不敷使用，使战前已经衰落的木船业也得以恢复发展。1943年11月25日《时事新报》载文："迁都重庆以来，因为运输工具减少与生活困难，以及轮船遭受空前之损失，故木船一跃而为四川运输上的主力"。1939年峡江木船有10465艘，到1944年已有16436艘，总吨位达26.66万吨。据《四川经济季刊》记载，民国三十三年(即1944年)1—9月，重庆地区木船进口货吨61.1万吨，出口货吨14.3万吨；轮船进口货吨6.8万吨，出口货吨14.3万吨，其木船进出口总量为轮船的3.57倍。由此可见，木船在抗战时期军需民用物资运输方面所发挥的重要作用。

自古山民枕河居

野渡无人舟自横

抗战期间，为了加强内河的航政管理，保障水上运输业的畅通和安全，国民政府将长江航政局迁驻重庆。出于对战争时期运输的需要，先后对峡江及其支流进行了航道整治，并针对重庆码头多数不通公路，码头设备简陋，装卸工具落后，河岸道路狭窄、泥泞、石梯步较少等基础设施很差的现状，进行了改造和建设。先后新建了海棠溪等码头5处，改建了千厮门等码头22处，维修了嘉陵江等码头21处，并重点修建了朝天门、千厮门、太平门、金紫门、望龙门、东水门、临江门和嘉陵、江北等码头。在改善码头秩序方面，针对各码头为封建把头所盘踞的现象，也采取了一系列整顿措施，先后出台了《重庆市码头管理办法》、《重庆市码头工人提运行李办法》、《重庆市管理码头工人办法》等一系列规章，以加强对码头的管理，并收到明显效果。码头基础设施的改善和码头秩序的整顿，给重庆码头的发展带来了生机，造就了重庆码头的空前繁荣。各轮船公司在峡江及其支流不断开辟新的航线。近郊水上交通也有所发展，市区各主要码头大都有了过江轮渡航线，部分码头水陆贯通，两江四岸之间往来开始较为方便。重庆沿江一带，以码头为中心，集聚了大量以航运及相关产业为生的城市中下层平民；朝天门、东水门、太平门、储奇门、金紫门码头一带，聚集有八省会馆和云贵公所。白天，沿江码头水运兴旺，车船衔接，十分繁盛；夜晚，小摊小贩、卤食冷酒、各色小吃摆满码头、街边，小贩叫卖声、讨价还价声、小孩嬉戏声交织一起，人群摩肩接踵，川流不息，成为热闹街市。

1945年8月15日，日本政府宣布无条件投降，中国人民历经8年浴血奋战的抗日战争胜利结束。1946年5月，国民政府还都南京。随即内战爆发，通货膨胀，货币贬值，曾经辉煌一时的重庆工业生产濒临绝境，大小商店倒闭歇业；一度空前兴盛的峡江航运和重庆港区码头繁荣不再，日渐萧条。

透过重庆码头的形成与发展史，我们可以看到，生活在大山大水环境中的重庆，依靠山而生存，凭借水而发展，航行催生了码头，码头成就了交换，商品交换便逐渐形成集市和场镇；集市、场镇的兴起，因地理优势或区位优势，有的继而成为商贸中心或物流重地。重庆这一山水城市的演变发展，就证明水运码头与现代城市的历史渊源关系。

长江、嘉陵江、乌江等重庆江河流域上的无数码头，在人类历史发展的长河中，曾发挥过无可替代的巨大作用。随着社会经济的发展与科学技术的进步，有的码头已经完成了所肩负的历史使命；但在21世纪的今天，有些码头，至今仍然有着强大的生命力，在现代文明和社会经济发展中，依然发挥着极重要的作用。

挂旗船生意兴隆

# 重庆的水上门户——朝天门

长江、嘉陵江从各自的发祥地一路奔腾涌流，在重庆渝中区东端朝天门交汇合流，形成一个江面开阔的天然水运码头。自古以来，朝天门独占水路交通鳌头之利，成为长江上游最大的码头港口。

## 朝天门码头

朝天门码头位于长江与嘉陵江交汇处，独占重庆水路交通枢纽之利，是历史上长江上游和西南地区最重要和最大的货物集散地，在重庆众多老码头中最具有代表性。

朝天门老码头

### 老码头

远古先民沿江定居，生息繁衍，渔猎生活中逐渐学会了绑扎筏木、刳木为舟和制造土船，开始在三峡地区兴起古代巴人在三峡地区兴起，约回千年前"巴人"在三峡地区兴起"木为舟和制造土船开始了江上最原始的航行"。

古先民沿江定居"进而学会了刳木为舟,巴人在三峡地区兴起。古代三峡地区最早的航行于沿水,渡航行约在四千年前,"始于原始的航行"。

开埠时期的朝天门码头

朝天门码头是重庆历史上最早的老码头,属自然岸坡式,始建于西汉,历来为重庆水运总枢纽。汉晋时期,朝天门码头已是连接汉沔和荆襄的水运要冲。当时,结舫水居者多达500余家。朝天门码头名,源于城门名。据史料记载,重庆历史上先后有五次规模较大的筑城,而朝天门得名于明代。公元前611年左右,巴子"因险固以筑城邑,或在高岗之上",这是重庆建城之始;秦惠文王更元九年(公元前316年)秦灭巴,更元十一年(公元前314年)秦置巴郡,张仪筑城江州(今重庆);三国时,蜀汉后主建兴四年(公元226年)都护李严由永安(今奉节)移守江

1944年的朝天门码头

抗战时期的朝天门码头

开埠时期的朝天门码头

# 老码头

远古先民沿江定居，生息繁衍，渔猎生活中逐渐学会了绑扎筏用于涉水渡航，进而学会了刳木为舟和制造土船开始江上最原始的航行。约四千年前，已人在三峡地区兴起。古代

20

古先民沿江定居，生息繁衍，渔猎生活中逐渐学会了划木为舟和制造出船只，开始了扎根于滔水渡江的航行，进而学会了利用三峡地区兴起最原始的航行。约四千年前已人在三峡地区古代峡江的航行。

州，更城大城；南宋嘉熙二年（公元1238年）四川安抚制置副使，兼知重庆府彭大雅戍守重庆时，为抗击元蒙侵犯，抢修筑城；明洪武四年（公元1371年）指挥使戴鼎扩建大城，设"九开八闭"城门17座，完善了重庆城的筑城大业。朝天门为这一时期建造命名的，在重庆各城门中，为规模最宏大、气势最雄伟的一座。正门额上横书"古渝雄关"四字。门名

20世纪初的朝天门码头

朝天，因为明初定都南京，城门面朝帝都，含面朝封建君王——真龙天子之意。朝天门襟带两江，壁垒三面，城基城垣解放后仍完好可见。朝天门码头，也曾是元末红巾军将领明玉珍建立的大夏国水陆运输的总枢纽。明代，在此设朝天水驿，为四川水驿网的中心；清代，又设朝天陆驿。1891年3月重庆开埠，重庆海关便设在朝天门顺城街糖帮公所，1905年始迁到太平门顺城街。人们称朝天门码头为重庆的"天字第一号码头"，是因为清代以前，道、府、县三级官吏在此恭迎圣旨、诏谕和钦差大臣的地方，朝天门内有接圣街（今信义街）和圣旨街（今新华路）。1891年5月12日，重庆开埠不久，英商太古洋行以民船装载黄丝、白蜡出口，从朝天门顺江而下，为重庆出口的第一号挂旗船；5月26日，

20世纪初的朝天门

英商立德乐洋行也以民船装载火油、海带进口,抵运朝天门,为重庆进口的第一号挂旗船;1898年3月,英国冒险家阿奇波尔德·约翰·立德乐驾驶"利川"号小火轮试航峡江,由宜昌溯江而上抵达重庆,也停泊在朝天门码头。之后,外商争相在朝天门码头与太平门码头之间港区一带设立洋行、公司、药房、酒店,进出重庆江面外轮和炮艇日渐增多,仅1922年就达到913艘次。1909年10月27日,由川人自办的"蜀通"号轮船,由宜昌成功首航重庆,安全抵达朝天门码头。1911年,"蜀通"号达到每月平均航行两次,每次"总是货物满载和乘客拥挤"。"蜀通"号的通航,开创了峡江上商业性客货轮运的新时期。

遭受日本飞机轰炸后的朝天门码头

　　1919年春,成都率先成立的留法勤工俭学预备学校的学生途经重庆,在朝天门码头意气风发地登上轮船,沿长江出大海向欧洲进发。1919年12月初,聂荣臻和十余名来自江津的青年每人自筹300元赴法路费,来到重庆。在重庆总商会会长、重庆留法勤工俭学预备学校校长汪云松几经奔走、帮助下,聂荣臻一行也于12月19日顺利地从朝天门码头启程奔赴法国。1920年8月28日,从重庆留法勤工俭学预备学校毕业的邓小平,在汪云松的资助下,与83名川东子弟在朝天门码头登上"吉庆"轮,启程东下,转道上海赴法勤工俭学。

　　由朝天门码头顺江东下,经宜昌、武汉、南京到上海,全程2409千米;溯长江而上,经江津、泸州至宜宾372千米;沿嘉陵江而上,经北碚、合川至南充325千米。朝天门码头的枯、洪水位差幅特别大,百年来最高水位(吴淞海拔高程)为193.50米(1905年8月11日),最低水位为159.47米(1937年4月1日),最大枯、洪水位差幅达34.03米,常年水位幅差25米左右。1927年2月,重庆商埠督办公署决定拆除朝天门城门城墙,以修建朝天门码头(今4码头、5码头)和嘉陵码头(今3码头),同年7月竣工,新修码头有平台4层。由于朝天门码头正位于长江、嘉陵江两江交汇处,水运异常繁忙,凡水路通航区域内的百货贸易,上下重庆的往来船只,来往江北、南岸渡江过河的人

远古先民沿江定居，生息繁衍，渔猎生活中逐渐学会了刳木为舟，扎制木筏，开始了峡江淌水渡航，进而学会了撑篙、摇橹。古代巴人在三峡地区兴起。约四千年前，已有最原始的航行。

抗战时期的朝天门码头

老码头

开埠时期的朝天门码头

流，都需经过这里。抗战时期，民生、佛亨等公司在码头江边设置趸船，经营重庆至万县、重庆至木洞等顺江短途客运航线。轮渡公司也设置趸船，经营横江、顺江客运。1949年"九·二火灾"，朝天门码头一带化为灰烬。解放后，人民政府对朝天门码头进行了改扩建，并于1958年在靠嘉陵江一侧修建客运

1927年修建的嘉陵码头

缆车，后因位置不当，客运量小而停废。1984年10月1日，又建成一条长125米、上下高差37.2米的客运缆车道，为适应江水涨落，缆车下站设有活动站台，由跳船与客运趸船连接，上站房设有较宽敞的人流集散场地，极大地方便了旅客上下江边码头。目前，朝天门码头水域范围既包括了传统的朝天门沙嘴码头（今4码头、5码头），也包括了朝天门沙嘴左边的嘉陵码头与沙嘴右边的月亮碛码头，能停靠3 000吨级船舶的泊位共有16个，设有渝港3码头、4码头、5码头、6

20世纪初的重庆朝天门码头商船云集，力夫穿梭，码头经济特色显著

古先民沿江定居，生息繁衍，渔猎生活中逐渐学会了"刳木为舟"和制造土罐，开始了古代最原始的航行。约四千年前，已人在三峡地区兴起了渡河，进而学会了浮水渡航。

抗战时期，商品广告已遍布码头

嘉陵渡口

老码头

码头、7 码头、8 码头、9 码头、10 码头，多用于客运、两江旅游和起卸日用百货。1999 年 10 月建国 50 周年时，朝天门广场竣工落成。每当初夏仲秋，在广场上眺望江水，碧绿的嘉陵江水与赭黄色的长江水相互交汇，清浊分明，形成"夹马水"景观，其势如野马分鬃，十分壮观。

据史料记载，朝天门水域下有一鲜为人知并极其珍贵的江底碑林——灵石。朝天门灵石，又名义熙碑、丰年碑，位于朝天门沙嘴外的江水中。清乾隆年间巴县知县王尔鉴《巴县志》载："在朝天门汉江水底石盘上，碑形天成，见则年丰。一名雍熙碑，一名灵石。汉、晋以来，均有石刻，水涸极乃见。"民国《巴县志》还记载了清康熙二十三年（公元 1684 年）、康熙四十八年（公元 1709 年）、乾隆五年（公元 1740 年）、乾隆十九年（公元 1754 年）灵石四次露出水面的情况。据记载，灵石题刻有：汉光武年间题记、晋义熙《灵石社日记》、唐张萱《灵石碑》、宋晁公武《丰年石题记》、明曲直《丰年碑题记》等 15 幅石刻题记。朝天门灵石题刻，是目前长江水下石刻群中已知时代最早、水位最枯下的水文碑记。它对于唐以前的历史、民俗、水文、气象乃至生态环境变迁的研究，具有十分重要的价值。

灵石水落石出，自清乾隆十九年以后迄今 250 余年尚未见到灵石复出的文献记载。1972 年初，重庆博物馆作水文考古调查时，仅从老船工处了解到，在民国时期一次极枯水位时，曾见到水面下有隐隐字迹。2003 年 6 月，三峡大坝工程竣工蓄水发电。目前，三峡水库已完成二期蓄水，随着 2009 年三峡水库三期 175 米高程蓄水完成，朝天门码头沿江一带的浅滩、礁石都将消失在江水之中，灵石题刻也将永沉江底。但那时，朝天门码头将成为长江上游最大的深

嘉陵码头坡道

水良港；朝天门地区也将在背靠西南，连接四海，迎接重庆前所未有的历史性机遇，促进重庆经济腾飞的大业中，发挥更加突出的作用。

## 嘉陵码头

　　嘉陵码头，位于重庆朝天门两江汇合处嘉陵江一侧的嘉陵江尾端南岸江边。这里既是嘉陵江结束千里流程汇入滚滚长江之地，也是重庆溯嘉陵江而上通航行船的起点，故名嘉陵码头。1927年以前，嘉陵码头与重庆其他水码头一样，属自然岸坡式码头。1926年，潘文华任重庆商埠督办，为筹备设市，扩建市区，提议扩充市政，修建码头。经督办公署行政会议决定，先行修建朝天门码头和嘉陵码头。1927年2月，嘉陵码头（今3码头）与朝天门码头（今4码头、5码头）同时动工修建，于同年7月竣工，9月24日举行两码头落成典礼。嘉陵码头与朝天门码头一样，是近代重庆最早修建的水码头。

嘉陵码头坡道

抗战时期嘉陵江边一瞥

## 老码头

远古先民沿江定居，生息繁衍，渔猎生活中逐渐学会了筏，用于涉水渡航。进而学会了刳"木为舟"和制造土船，开始了江上最原始的航行。约四千年前，已人在三峡地区兴起，古代

长江与嘉陵江的交汇处泾渭分明

嘉陵码头现设有渝港3码头，有泊位2个，能停靠3000吨级船舶。为方便乘客上下码头，嘉陵码头修建了渝港3码头专用缆车，与1984年修建的朝天门码头缆车紧邻。因嘉陵码头与朝天门沙嘴码头（今4码头、5码头）相隔太近，朝天门码头水域范围现囊括了渝港3—10码头，所以，现嘉陵码头与附近的月亮碛码头，都统称为朝天门码头。

## 月亮碛码头

月亮碛码头，位于重庆市渝中区朝天门两江汇合处长江一侧的江岸，是朝天门码头港区枯水季节的主要码头。

月亮碛码头因江岸地形而名。由于月亮碛码头处于两江汇合处一带，千百年来，江水冲击，泥沙淤积，泥沙沿江岸向外扩展形成如同月亮弧形般的沙洲碛坝。涨水时，碛坝被江水淹没；枯水时，人们上船、送货经过沙洲碛坝到达码头。历史上，月亮碛停靠木船百艘以上；枯水季节，碛坝上的棚户前后相连，形成街市。重庆解放后，为了方便旅客乘船，对月亮碛沙坝进行了整治，修建了下河公路，重庆港务部门将渝港6码头、7码头、8码头、9码头、10码头设置在月亮碛，共有8个泊位，能停靠3000吨级左右的船舶。月亮碛码头主要用于长途客运和两江夜游。因月亮碛码头与朝天门沙嘴码头相隔太近，月亮碛码头与紧邻的沙嘴码头、嘉陵码头一起，现都统称为朝天门码头。

*挂着法国旗的四川客船——挂旗船*

*码头上，小船摆渡上大船*

# 长江段主要码头

长江，从我国青藏高原的唐古拉山脉主峰各拉丹东雪山发源，一路奔腾而下，穿过崇山峻岭，汇集百河千川，流经青、藏、滇、川后，由西向东斜贯重庆市境，上自重庆江津区朱沱镇史坝沱入境，下至巫山县扁鱼溪出境，长江重庆段共长665千米。

## 东水门码头

东水门码头位于重庆市渝中区东正街外长江河岸，因东水门在重庆古城正东，故名。过去到南岸，从东水门码头摆渡过河就到对岸龙门浩。民国以前，东水门码头是除朝天门码头以外的一处大码头，川东道署、巴县学署、巴县文庙、城隍庙、湖广会馆、江南会馆、广东会馆、江西会馆、陕西会馆、福建会馆、齐安公所等，均在东水门内附近一带，可以说，这一带是当时重庆的政治、经济、金融中心区。因此，东水门码头异常繁盛热闹。

辛亥年八月（公元1911年10月），清朝廷钦差大臣端方带领鄂军奉命入川镇压保路同志会，巡视重庆，驻跸江南会馆。当天夜里，革命党人潜至江南

开埠时期的东水门

会馆门口，贴出对联一副："端的死在江南馆，方好抬出东水门。"这副对联，不但十分精妙地嵌入了端方人名和东水门地名，也预兆了端方的死期。一个月后，即1911年11月27日，在武昌起义成功、四川各地革命风起云涌的情况下，率军在资州（今资中）进退维谷的端方，最后因兵变，被革命党人所诛杀。东水门内，矗立着一座至今完整地保留下来的明清时期的宏大古建筑群——湖广会馆。湖广会馆建筑群始建于明末清初，依山而建，鳞次栉比，布局紧凑，结构严谨，造型精致，尺度宜人。该会馆建筑采用四合院建筑形式布局，屋顶和风火山墙造型生动，既有山地建筑特色，又有江南建筑风格。特

东水门码头上的老城楼

## 老码头

远古先民沿江定居，生息繁衍，渔猎生活中逐渐学会了刳"木为舟"和制造土船，开始了古代巴人在三峡地区兴起。约四千年前，江上最原始的航行。筏，用于涉水渡航，进而学会了绑扎

20世纪20年代的渝中半岛

20世纪20年代的南岸

古先民沿江定居，生息繁衍，渔猎生活中逐渐学会了刳木为舟和制造土船开始了峡江间于淌水渡航"，进而学会了划米为舟和制造土船开始了峡江上最原始的航行。约四千年前，巴人在三峡地区兴起，古代

老码头

别是 5 座精美绝伦的戏台，熠熠生辉的镏金木雕，展现出诱人的魅力。湖广会馆历经 300 多年风雨，到 20 世纪 90 年代，已经破败不堪。几经努力，重庆市、渝中区两级政府筹集资金，对湖广会馆核心区建筑群进行了保护性修复。重新修复后的湖广会馆，已成为人们了解重庆传统民俗民风的一个窗口，欣赏重庆古代建筑的绝佳之所，川渝两地人民寻根问祖之地，研究者探寻会馆文化的一个标本。矗立在东水门码头上方的湖广会馆，亲历了重庆昔日的繁荣，是近代重庆作为长江上游繁华商埠的历史见证。

抗日战争时期，过南岸开始改由望龙门乘坐轮渡过江，历经千百年水运繁忙的东水门码头才逐渐被冷落下来。

## 望龙门码头

望龙门码头位于重庆市渝中区东南部长江北岸，东水门码头与太平门码头之间，在重庆古城门的"闭八门"之一太安门下江边。望龙门虽称门，但不是重庆古城的城门，临江峭壁上仅修建有城墙与闭门太安门。1935 年开始拆除此段江岸城墙，修筑石梯通道，开辟到江边的码头。码头对岸是南岸龙门浩，由龙门浩上岸爬坡前行可到上新街。码头上隔江能望见龙门浩巨石上镌刻的"龙门浩月"几个大字，故名望龙门码头。

望龙门码头有我国最早建成的一条公共客运缆车。抗日战争时期，"重庆缆车特种有限公司"聘请我国著名桥梁专家茅以升和铁路专家欧阳春，共同主持设计建造了望龙门缆车。该缆车于 1944 年 7 月动工，1945 年 4 月竣工，5 月 16 日通车运行。缆车线位于望龙门滨江码头与望龙门街市之间，因此，也是重庆第一条街市与码头连接的客运缆车。其工程设计采取在码头石梯上建造钢筋混凝土栈桥，桥上铺轨，轨上行车，车用缆牵，缆用机挽，电力驱动，往复运行。缆车道全长 178 米，上

中国第一条客运缆车望龙门缆车

古先民沿江定居，生息繁衍，渔猎生活中逐渐学会了制造土船，开始了峡江最原始的航行。约四千年前，巴人在三峡地区兴起，古代峡江于浮水渡航"进而学会了"木为舟和扎撑"

老码头

望龙门长江对岸就是著名的巴渝十二景之一"龙门浩月"

下高差46.9米，备有客车车厢2辆，每辆载客50人。望龙门缆车的修建，极大地方便了往来过江的旅客，到南岸过江的人流开始改由望龙门乘轮渡过江，东水门码头逐渐被冷落下来。望龙门缆车日客运量由开通时的0.7万人次，提高到1995年的1.34万人次。1987年10月24日，我国自行设计、制造的第二条大型跨江客运索道——重庆长江索道建成营运。长江索道北站地处渝中区新华路长安寺，南站位于南岸龙门浩上新街。长江索道的开通，沟通了渝中区上半城与南岸上新街的空中营运道路，望龙门码头到龙门浩的过江轮渡，受到一定影响。1996年，渝中区长江滨江路修通后，望龙门缆车与码头轮渡完全停运。

望龙门码头现有5个泊位，主要用于停靠各类驳船，能停靠3 000吨级船舶，现渝港11码头、12码头设置在这里。

望龙门老城墙下的老码头

## 太平门码头

太平门码头位于重庆渝中区东南部的长江北岸江边。太平门最早建于宋代，南宋嘉熙二年（公元1238年）四川安抚制置副使、兼知重庆府彭大雅戍守重庆，

码头上的挑夫

为抗击蒙军铁骑侵犯，加强城防建设，抢修筑城。据史料记载，当时筑有洪崖门、千厮门、太平门、薰风门、镇西门等五道城门，太平门为五门之一。明洪武初年筑建的"九开门"中，太平门也在其中。码头因门而得名。太平门码头最早是木材、竹子集散的码头。据说，"太平"二字，是船工们祝祷木竹

码头边上的贴着"福"字的草棚

水路货运平安顺利之意。明初在此修筑开门，顺民意取此门为太平门。明代编重庆全城为8坊，清代改编为29坊，都以太平坊居首。后来木材集散地转移到黄沙溪，这里仍主要为竹子集散的水码头。太平门码头水运历来十分繁忙，重庆府署、巴县县署、左营游击署、左营守备署、山西会馆及各种商号、钱庄、茶坊、酒肆、花楼等，均在太平门内。特别是重庆被辟为通商口岸后，门内白象街一带洋行林立，外国商船也多停泊在太平门码头。

## 储奇门码头

储奇门码头，位于重庆市渝中区南侧的长江北岸，因紧靠"九开门"之一

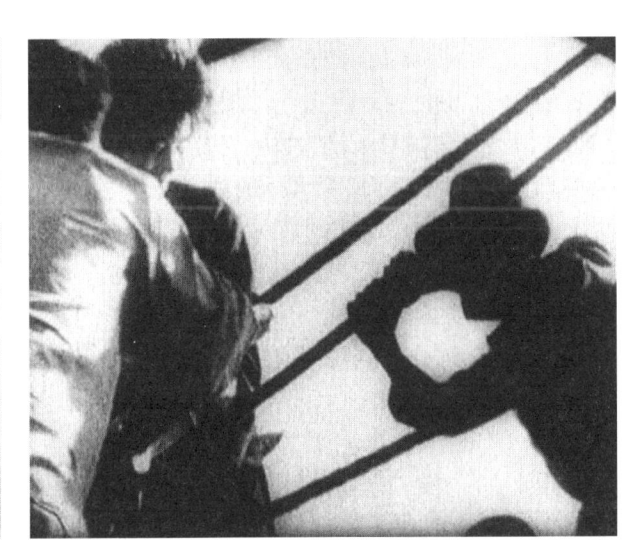

老船工

等船

的储奇门而得名。储奇含有预兆城丰、城市昌盛之意。沿码头上行进入储奇门内，即可到由浙江旅渝同乡会修建的浙江会馆。过去，由储奇门码头乘船过江，就到南岸海棠溪，海棠溪有1935年6月建成通车的渝黔公路直通贵州。因此，储奇门码头成为重庆启程到贵州的必经渡口，码头上终日熙熙攘攘，人流涌动。

储奇门码头一带，历来是山货、药材行业的集散地。山货、药材是重庆及西南地区著名的土特产，水运出口商品的大宗，储奇门内山货商铺、药材字号和仓储、堆栈，比比皆是。重庆人谈生意往往在茶馆进行，坐茶馆是老重庆人生意场上不可缺少的一部分。沿江一带及城内有不少的茶馆，据1947年3月《新民报》统计，仅重庆下半城的茶馆就有2 580家之多。尤其是储奇门码头一带，茶馆云集，这里是山货铺、药材行、草药堂、仓储、堆栈、货运汇集的地方。这里停靠的船多，装卸的货多，搬运工人多，码头挑夫多，忙业务的、谈生意的、歇脚解渴的，一有机会，就坐茶馆，喝茶风气十分兴盛。

民国十九年（公元1930年）8月25日，储奇门码头一位但姓老人去世，回殃起火。由于正值夏季，气候炎热，加上江风助势，火势凶猛，很快蔓延到下游邻近的人和码头与上游紧靠的金紫门码头。火鸢飞落于停泊码头的木船帆篷上，相连的木船，均受波及。十余艘着火木船顺水漂流，泊于太平门码头"日清"趸船的一艘驳船被殃及着火，船上货物毁之一炬。这次火灾，焚烧储奇门、金紫门、人和门三个码头5 000余家；殃及大型木船十几艘，在顺水下流中撞

碰毁损，亦有人员落水死亡。

　　储奇门码头现有泊位19个，设置有渝港13码头、14码头，可停靠1000吨级的船舶。

## 金紫门码头

　　金紫门码头位于重庆市渝中区南部的长江北岸，紧邻储奇门码头。码头附近一带，因古有庙宇"金紫寺"，又有历代朝廷设置的金银库，故明初筑建城门时，将该门取名金紫门，码头从此亦随门名。沿码头上行进入金紫门内，即可到正对着城门的重庆镇署。清光绪二十年（公元1895年），由云南贵州士商集资修建的云贵公所也在金紫门内绣壁街（今解放西路100号），是重庆城建立最晚的一个会馆。金紫门码头是古代重庆城水运柑橘水果等物资的主要集散地。

## 南纪门码头

　　南纪门码头位于重庆市渝中区南部偏西的长江北岸。南纪二字，出自《诗·小雅·四月》"滔滔江汉，南国之纪"。纪者，理律也，总汇也。明初，筑"九开门"，取此门为南纪门，意为沿长江河岸的城门到此总汇。城门下的江边码头，因门而名。

　　南纪门码头偏西一带长江河岸，枯水季节为宽阔平坦的珊瑚坝。城门与码头之间为南纪门正街，是为数不多的正街在城门外之一。紧靠南纪门码头江岸西行，经菜园坝、兜子背、黄沙溪，绕佛图关南坡下，由黄家码头上鹅公岩（古称鹤皋岩），

通往江边取水的石阶

到石桥铺，一路西行可奔川西，直到成都。南纪门码头河岸这条不成形并不见经传的小道，与通远门出城大道为同一方向，是不穿经佛图关沿江西行的唯一道路。

　　南纪门是长江上游来重庆城途经的第一道城门，因而该码头水运业务十分繁忙、热闹。曾是水运木材、牲畜等货物的集散地，码头靠西是屠宰业集中的川道拐街。后木材水运集散转到黄沙溪码头，南纪门码头便主要以蔬菜、牲畜等为水运集散码头。从南纪门码头摆渡过江，对岸是南岸黄葛渡。1940年，从南纪门到黄葛渡改乘轮渡过江。1980年7月石板坡长江大桥通车后，南纪门码头与黄葛渡之间的过江轮渡完全停运，水运货物业务逐渐萎缩停止。

开埠时期的重庆城

开埠时期的南纪门

# 菜园坝码头

　　菜园坝码头，位于重庆市渝中区西南部的长江北岸，下距朝天门7千米，是重庆主城区的重要码头之一。

　　菜园坝码头从1891年重庆被辟为通商口岸后，开始逐渐繁荣。当时水运物资除粮食、蔬菜外，有煤、盐、竹、木等。1908年，清朝政府在菜园坝举办了川东地区第一次商业展览会，显示了重庆作为长江上游商品集散、流通中心的地位和作用。1952年，成渝铁路建成通车，菜园坝地区成为重庆火车站的铁路港口。以后，川黔、湘渝铁路相继建成，菜园坝成为西南三条铁路大动脉的枢纽和客运中心。菜园坝码头从此主要担负着铁路运输物资的集散，以及渝中区、南岸等地区的生产、生活物资的水上运输任务。由于菜园坝码头日益繁重的水运任务，自20世纪60年代起，码头机械化作业程度和装卸效率不断提高，成为全市机械化装卸程度最高的港口码头之一。

　　菜园坝码头的自然条件好，河床稳定，流速缓慢，重庆解放后对菜园坝码

渔村码头

头经过改建整治，分为1码头、2码头、3码头、4码头和兜子背5个码头，总长480米，有7个泊位，最大停泊能力3000吨级。主要水运物资是矿建材料，其次为水泥、钢铁、机械设备、木材，以及煤、粮、杂货等。菜园坝码头对岸是南岸铜元局，1980年前有轮渡载客过江。1980年7月1日，位于重庆渝中区石板坡与南岸区梨子园之间的石板坡长江大桥建成通车，菜园坝码头与铜元局码头之间的过江轮渡完全停运。

## 铜元局码头

铜元局码头，位于重庆市南岸区西端长江南岸，即将竣工落成的重庆珊瑚长江大桥下南滨路江边，与渝中区菜园坝码头和重庆火车站隔江相望。

1891年，随着重庆开埠和峡江航运的近代化，重庆近代工业在西方列强、封建主义和封建军阀多重压迫的历史夹缝中逐步兴起。1905年4月14日，重庆建立了第一家大型机械化工业企业——重庆铜元局。铜元局以生产金属货币铜元而得名。它开启了重庆第一台机器设备，亮起了重庆第一盏电灯，聚集了重庆第一批产业工人，标志着重庆这座古老城市向近代工业迈出了第一步。因

20世纪初的峡江水码头

抗战时期的重庆水码头，一枚未爆炸的日机空投炸弹栽在城墙上

　　铜元局沿江岸兴建，其江边码头随厂而名。铜元局码头为铜元局专用码头，后为方便该厂人员和家属出入重庆城区，开通了与对岸菜园坝之间的木船摆渡。重庆解放后才通航轮渡过江。1970年，为缓解海棠溪码头与储奇门码头之间的车渡压力，铜元局码头开通了至菜园坝码头的通用车渡，日渡350辆，1979年增至600辆。1980年，重庆石板坡长江大桥建成通车，铜元局码头与菜园坝码头之间的过江轮渡与车渡停运。

　　2003年3月，《重庆晚报》报道：铜元局码头发现美式登陆艇。据重庆航运史料记载，1945年，美国政府向国民政府提供了一批登陆艇，共计16艘。解放后，这批登陆艇被编成"江"字号和"人民"号货轮，成为重庆江面上最重要的航运工具之一。因登陆艇特有的动力和密闭性，在航运中，还承担了重庆绝大部分油料运输任务。1984年，这批超期工作的登陆艇集体退休，除"人民27号"和"人民28号"外，全部拆卖。"人民28号"被改装成船厂水上车间，"人民27号"留守铜元局沿岸的伏牛溪码头，幸运地成为峡江仅存完整的登陆艇。由于铜元局伏牛溪江岸绿树丛生，像块隐形幕布，将"人民27号"登陆艇遮挡。2002年底，南滨路二期工程修到这里，遮挡的树木消失，在灰白岩石衬映下，黑色登陆艇跃然而出，揭开了这艘由军舰没落成趸船的登陆艇，在铜元局码头江边"隐居"近20年的庐山真面目。该艇1944年建造于美国，1945年来华，当时叫"华110号"。1946年国民政府补偿给民生公司，改名"湘江"。1958

码头不大，运货不少

年改为"人民27号"轮，1984年报废。该船总长63.2米，高17.08米，船宽10.36米，主甲板大货舱长50米，宽5.35米，高达4.02米。据介绍，该船在1992年仍能运转，是目前峡江唯一保存完整的登陆艇。据长江轮船公司有关负责人称，准备把这艘登陆艇改造成"西南船舶航运博物馆"，目前其初步方案仍在征求意见中。这艘登陆艇承载了峡江半个多世纪的历史，开发价值难以估量，将成为长江上永不沉没的历史见证。

## 黄葛渡码头

黄葛渡码头，位于重庆市南岸区西部的长江南岸，石板坡长江大桥南桥头下南滨路江边，与南纪门码头隔江相望。黄葛渡早在宋朝时期已有木船摆渡过江，至清嘉庆二十五年（公元1820年）时，黄葛渡码头已有载人过江渡船8只。1891年重庆开埠后，英国把持重庆海关，控制了港口管理权。南岸上起黄葛渡土地庙，下至窍角沱铁厂，被划入海关管理范围。在海关指定的Ⅱ处轮船泊位中，南岸有8处，其中就包括黄葛渡码头。

黄葛渡系古代巴渝十二景之———"黄葛晚渡"。据清乾隆年间巴县知县王尔鉴《巴渝十二景·小记》记载，"南纪门外大江对岸南城坪有黄葛古树，偃盖渡旁。江横大洲曰珊瑚坝。舟子曲折行乃达彼岸。雨余月际。遥睇江烟苍茫闻。舴艋往来，飘如一叶，亦佳趣也。"历代名人雅士多以"黄葛晚渡"为题，留下了不少诗篇。最早可见于南宋四川安抚制置使、兼知重庆府余玠留下的《黄葛晚渡》诗："龙门东去水和天，待渡行人暂息肩。自是晚来归兴急，江头争上夕阳船。"王尔鉴《黄葛晚渡》诗曰："野渡沙洲晚，江寒古木幽。迷离无过客，仿佛有行舟。两岸苍烟合，长天碧水秋。乘槎着谁子，风送乱星流。"清代奉节知县姜会照《黄葛晚渡》诗："老树根蟠古渡旁，珊瑚秀插水中央。空江秋影烟波阔，小立冥朦望江航。"

昔日的黄葛渡码头，每当洪水季节，水势猛如蛟龙，从此地摆渡木船过江，须分外小心，一遇风浪，即有船翻人亡之虞。民国二十九年（公元1940年），黄葛渡码头木船摆渡改由轮渡过江。

## 龙门浩码头

龙门浩码头，位于重庆市南岸区西部长江南岸，现南滨路江边。此地早在宋代已形成水码头，清代成为粮食集散地，历为重庆通往川南各地的要津。

龙门浩码头江边，有一列石梁，随江水涨落而出没，其间石梁一断开处叉

龙门浩码头

龙门浩码头岸上的外国洋行

龙门浩码头岸上的吊脚楼

## 老码头

远古先民沿江定居，生息繁衍，渔猎生活中逐渐学会了编扎木筏，后用于涉水渡航，进而学会了刳木为舟和制造土船，开始了江上最原始的航行。约四千年前，巴人在三峡地区兴起，古代

46

古先民沿江定居，生息繁衍，渔猎生活中逐渐学会了绑扎樟木为舟和制造土船，开始了峡江渡航。而学会了剡木为舟和制造土船，约四千年前，巴人在三峡地区兴起，古代三峡最原始的航行。

## 老码头

龙门浩码头岸上的吊脚楼

龙门浩码头

## 老码头

> 远古先民沿江定居，进而学会了刳木为舟和制造土船开始扎
> 筏开于涉水渡航行
> 江上最原始的航行
> 渔猎生活中逐渐兴起，古代巴人在三峡地区

分水流，形成浩口，可容船只出入，曰龙门，该江边故名龙门浩。宋绍兴年间（公元1131—1162年），在石梁断开处两旁巨石上，刻有"龙门"二字。"龙门浩月"系古巴渝十二景之一。龙门浩码头处曾刻有"龙门浩月"石碑，以志胜迹。"龙门浩月"，世传有二：一说江水东流，为碛石所阻，水流徐折而出，涌向江心，回旋圆转，形如满月；一说皓月当空，倒映浩湾，江天月影，上下辉耀。"龙门浩月"胜景，引来历史上无数文人墨客咏叹。清乾隆中宫少詹事、迁川东道观察张九镒感咏《龙门浩月》："石扇划地轴，一涧流淙淙。谁将青玉镜，挂在苍鳞龙。俯看波上下，波静影相从。举头问清影，银蟾隔几重。"清道光年间重庆知府王梦庚感喟《龙门浩月》："横江刻巨石，激浪悬飞淙。三月春水涨，游鱼争化龙。叹息凡猥姿，烧尾嗟无从。为溯绍兴年，古笔标重重。""龙门"石刻现已无存，然"龙门浩月"胜迹流传，至今仍为人们所称道。

龙门浩码头与重庆其他港口码头一样，历史上曾经受过峡江航权丧失的屈辱。1891年3月重庆被辟为通商口岸后，为西方列强全面侵略打通了峡江航道。英国把持重庆海关，控制重庆港口管理权，在海关指定的Ⅱ处轮船泊位中，其中就包括龙门浩码头。清光绪二十五年（公元1899年）五月，英国军舰"山鸡"、"山莺"号闯到重庆江面，开外国军舰入侵峡江的先河。随后，英、美、德、法、意和日本等国，以保护侨民为借口，先后派遣军舰来重庆。各国军舰入侵时间短则数月，长则数年，英舰乌德拉号竟长达十多年。至民国二十九年（公元1940年），38艘外国军舰就有34艘停靠在南岸沿江码头。龙门浩码头就是

48

英舰、美舰长期停靠的水域。1891年,英商立德乐利用中国买办以"永租"方式占据土地,在龙门浩修建码头、仓库和厂房。1905年,立德乐洋行由英商隆茂洋行顶承,其码头称为"隆茂"码头。1926年,隆茂洋行又将码头与洋行转交英商太古洋行,码头被改建为太古洋行专用码头,一直经营到抗战胜利。立德乐洋行(隆茂、太古洋行)当年建筑现仍保留完好,为重庆市南岸区区级文物保护单位。但由于年久失修,又无人居住,破损严重,亟待维修。隆茂洋行码头由于修建南滨路,现已荡然无存。

抗战期间,外轮逐渐减少,招商局、川江轮船公司、民生公司、强华公司、重庆轮渡公司等陆续在南岸设置趸船码头,开设轮渡,贯通了龙门浩与望龙门之间的水上交通。龙门浩码头于民国二十七年(公元1938年)由以前的木船摆渡,改为轮渡。解放后,龙门浩码头逐步发展,新建了公路与码头相连,实现了车船衔接。1996年,龙门浩码头停运。

## 海棠溪码头

海棠溪码头位于重庆市南岸区西部长江南岸,现南滨路江边。海棠溪,古因溪水出南坪山坞,沿壑带涧,曲折入江。据民国《巴县志》载,"其名为海棠者,或曰昔多海棠,以此为名;或又曰,盛夏洪流,大江灌入溪中,三五之夕,月光激射,江波喷发,作朵朵海棠状,遂以名溪。"

海棠溪渡口

昔日，溪山如黛，竹树交荫，每当晨曦初放或雨后初晴，在日光映射下，烟雾迷蒙，宛如轻纱飘荡；细雨纤纤，恰似银丝轻飏，一派美妙景色，令人神往。因此，"海棠烟雨"素为巴渝十二景之一。无数文人志士以描述海棠烟雨胜景，表达喜怒哀乐情怀。清康熙年间举人周开丰作诗《海棠烟雨》："群山皆玉削，幽趣独棠溪。春暖舒微步，朝来觅小蹊。名山涵镜里，残月隐楼西。窈窕殊难肖，含情带雨啼。"同盟会重庆支部主盟、辛亥革命元老杨庶堪晚年隐居南岸，曾作《海棠溪》诗："隔岸人家水竹乡，朝来一苇试轻航。连宵爱月清溪宿，留得春阴护海棠。"以富有生活气息的诗句，抒发了赏海棠、爱海棠、惜海棠的心情。

海棠溪码头，历史上曾是沟通重庆南北交通的要冲和物资集散地，历来为川黔古道要津，也是长江上游最大、最有名、时间最长的义渡渡口。清道光十四年（公元1834年），海棠溪码头除停靠水运货船集散中转物资外，仅有载人过河渡船8只。船小客多，船夫贪载，船翻人死事故时有发生。巴县太和乡士绅廖春瀛与其弟廖春溶捐银1.4万两，购置大小木船36艘，创设"海棠义渡"，往来于海棠溪与储奇门之间，以20艘载过江行人，乘客渡江，不收渡资。清末梅际郇曾作《题海棠溪义渡册子》诗，赞颂廖氏兄弟义渡："溱洧乘舆惠政传，坐令习坎变通川。骚人若有江南兴，不损杖头沽酒钱。" 民国二十七年（公元1938年），海棠溪码头开始有现代渡江工具轮渡过江，木船摆渡逐渐衰落，

停泊在码头上的过往商船

海棠溪义渡在坚持了107年后，于民国三十年（公元1941年）停办。

1935年6月，川黔公路全线通车，该公路由南岸海棠溪为起点，经巴县、江津、綦江，直达贵州松坎，与黔境公路贯通。海棠溪码头在重庆众多码头渡口中最早实现了车船衔接，码头十分繁盛，遂成为热闹街市。1938年2月，海棠溪至储奇门开通了车渡，两码头之间实现了水陆贯通。1939年，日渡车辆250～300辆，其中军车占70%，其他车辆占30%。以后载车轮渡换大，渡车数量增加。1949年7月至9月，重庆即将解放，军车骤增，日渡800～1000辆。11月30日，人民解放军先头部队抵达海棠溪码头，车渡首先开航，运送解放军部队进城，为解放重庆作出了贡献。1961年，海棠溪码头车渡日渡达700辆，并逐年增加。1980年7月，重庆石板坡长江大桥落成通车，海棠溪码头车渡与轮渡停止航运。

## 玄坛庙码头

玄坛庙码头位于重庆市南岸区西北部的长江南岸，现南滨路江边，与朝天门码头隔江相望。玄坛庙码头地处长江、嘉陵江两江交汇处之南侧，背山面水，地势陡峭，码头街路狭窄。相传赵公元帅骑黑虎下山留驻此地，明代建玄坛庙以祀，码头因此得名。

玄坛庙码头有古巴渝十二景之一的"字水宵灯"景观。民国《巴县志》载："巴以水名，内、外江自朝天门合流，三折而成巴字，故名巴。"长江流经重庆城区的江段，蜿蜒曲折，形似古篆书中"巴"字之状，于是，文人墨客便称重庆城区这一段江水为"字水"。清代丰都书法家徐昌绪书"字水"两个大字，刻于玄坛庙江边岩石上，字大3米多，笔力

重庆怒吼剧社演员渡江前往弹子石演出

玄坛庙码头

## 老码头

远古先民沿江定居，生息繁衍，渔猎生活中逐渐学会了绑扎筏用于涉水渡航，进而学会了刳"木为舟"和制造土船，开始了江上最原始的航行。约四千年前，巴人在三峡地区兴起，古代

玄坛庙码头远近闻名，重庆开埠后，海关设于此，有洋码头之称

苍劲挺拔。"字水"石岩下，江水回环，形似塘水。入夜，万家灯火，映照流水，层见叠出，波澄银树，浪卷金花，终古不逝。清巴县知县、后擢资州知府王尔鉴题咏《字水宵灯》，极富诗情画意："高下渝州屋，参差傍石城。谁将万家炬，倒射一江明。浪卷光难掩，云影流自清。领看无尽意，天水共晶莹。"清奉节知县姜会照题咏《字水宵灯》云："万家灯射一江连，巴字光流不夜天。谁种榆河星历历，金波银树共澄鲜。"寥寥28字，不愧为一首状景绝唱。

清代以前，玄坛庙即已形成码头，清嘉庆二十五年（公元1820年）时有过江渡船4只。从清光绪二十五年（公元1899年）起，英、美、德、法、意和日本等国以保护侨民为借口，先后派遣军舰来重庆，其中法国军舰就停泊在玄坛庙码头一带。民国时期南岸码头渡船日增，民国二十二年（公元1933年）玄坛庙码头有渡船45只，民国三十二年（公元1943年）已有渡船58只。解放后，有轮渡与朝天门相通。玄坛庙码头附近有全国唯一僧尼同修十方丛林寺庙慈云寺。该寺庙始建于唐代，重建于清乾隆二十二年（公元1757年），原名观音庙。1927年，云岩法师（即慈云和尚）托钵来此，重修扩建，更为现名。慈云和尚为首任主持，现惟贤和尚为六任方丈。古刹因地凿岩而建，高处皓月亭、临江十八楼亭是渝州胜景之一。寺内供有自缅甸迎来的玉刻大佛、印度移植来的菩提圣树，有精镌6000余字的金刚幢，以及珍藏宋版《碛砂藏》。2000年，南岸区文物保护管理所在南滨路修建工程文物调查中，于慈云寺江边的石壁上发现"太平渡"石刻题记一则，长1.7米，宽1.1米，楷书阴刻。"太平渡"题刻内容如下："今届严冬领粥，男女齐赴渡头。靠岸竹篙搭手，扶老携幼登舟。大江必须轻载，口致波心沉浮。往来船资不取，宜早切莫逗留。"

## 弹子石码头

弹子石码头位于重庆市南岸区西北部的长江南岸，现南滨路江边，与江北嘴隔江相望，溯江斜对朝天门码头。

弹子石码头在清代已有木船摆渡过江，逐渐形成码头。20世纪初，弹子石地区成为重庆的织布业中心之一。民国二十二年（公元1933年），弹子石码头已有木船27只。抗战时期，弹子石交通有所发展。纵贯南岸区的主干道海棠溪至弹子石公路止于弹子石转盘；向东有弹鸡公路与鸡冠石镇相连；往西，弹子石码头于1938年开始有轮渡溯江与朝天门码头相通，同时也有木船摆渡。这一时期的弹子石，已发展成为重庆市的工厂和人口密集地区之一。解放后，弹子石码头建设逐步发展，修建了公路与码头相连，实现车船衔接；大中型企业分布码头附近台地上；商场、邮局、银行、医院、学校、文化设施齐全，弹子石遂形成商业和文化中心。

## 老码头

远古先民沿江定居，生息繁衍，渔猎生活中逐渐学会了绑扎木筏、用于涉水渡航，进而学会了刳木为舟和制造土船，开始了江上最原始的航行。约四千年前，巴人在三峡地区兴起，古代

靠岸小憩的"挂旗船"

"挂旗船"离港启航

弹子石码头附近有建于清光绪二十八年（公元1902年）的法国水师兵营。整个建筑呈四合院布局，大门为重檐歇山顶，左边为平房，其余三面为两楼一底的西式建筑，建筑面积1617平方米。法国水师兵营现存有已故舰长的石碑二通，其一通碑上刻有"故舰长武荡纪念"；另一通碑上刻有法国文字，镶嵌在石壁上。重庆解放后，该建筑产权单位为南岸区弹子石房管所，但先后为重庆粮油机械厂、南岸区面粉厂使用。2003年，由星光餐饮文化有限公司投资维修，在保护的前提下开辟为酒吧经营场所。

## 王家沱码头

王家沱码头位于重庆市南岸区西北部的长江南岸，现南滨路江边，与江北溉兰溪隔江相望。王家沱码头在1891年重庆被辟为通商口岸后逐渐形成码头。

重庆开埠后，英国把持重庆海关，控制了港口管理权。南岸上起黄葛渡土地庙，下至窍角沱铁厂，被划入海关管理范围。在海关指定的Ⅱ处轮船泊位中，

德国军舰在长江上

南岸有8处，其中就包括王家沱码头。从清光绪二十五年（公元1899年）起，英、美、德、法、意和日本等国以保护侨民为借口，先后派遣军舰来重庆，其中法舰、日舰就停泊在王家沱码头等水域一带。

1895年，中日《马关条约》签订不久，日本趁势向清朝政府提出在重庆开设租界的要求。经过几年的反复交涉，清光绪二十七年（公元1901年）9月24日，日本驻渝领事山崎桂和清政府川东道台宝棻在重庆正式签订了《重庆日本商民专界约书》，日本获得了在重庆设立租界的特权。《专界约书》共22条，主要内容有：中国准许日本在重庆府城朝天门外，南岸王家沱设立专管租界；租界内商民之事由日本领事官专

—— 王家沱的日本租界

—— 王家沱日本租界内的日商开办的又新丝厂

管；租契30年更换一次，可以连续永远租用，不得限制。日本取得王家沱租界以后，迅速将其变成了一个"四川内地的小日本国"，先后开办了有邻公司、大阪洋行、又新丝厂、武林洋行、日清公司等，大批日本军舰、商轮、挂旗船停泊在王家沱码头。王家沱被迫划为日租界后，租界内的码头泊位全部移交日本使用管辖，中国船只前往停靠必须向日本租界当局申报，运载货物必须向日本租界纳税。民国二十二年（公元1933年），王家沱已有木渡14只；民国三十二年（公元1943年），王家沱木渡发展到26只。1937年抗战爆发，国民政府收回王家沱码头及整个租界主权。

目前，重庆正在动工建设王家沱长江大桥，连接南岸弹子石至江北溉兰溪地区。

## 梁沱码头

梁沱码头位于重庆市江北区西南部的长江北岸青草坝，距朝天门码头下游

1千米左右。

梁沱码头水域，有石梁绵亘江中，中枯水期水退石出，石梁左右岸壁陡立，成为重庆港独一无二的直立式岸壁码头，为得天独厚的天然良港。在中、枯水期，梁沱码头可供使用8个月左右；洪水期，石梁被水淹没，该码头便失去作用，船舶转移其他码头停靠、作业。梁沱码头河岸坡度小，客货上下方便，在峡江未出现轮船前，梁沱码头是木船停泊的理想锚地，常泊大小船只一千余艘。西晋水军的楼船，隋唐时期的万斛船，历代装载粮食、茶叶、食盐、蜀锦、黔铅、滇铜出川的木船，大多在此停泊、转载、补给。梁沱码头河岸的青草坝，茶楼酒肆，连接成街，成为当时船工、旅客集聚的闹市。重庆开埠后，轮船运输逐渐兴起，轮船亦停泊梁沱码头上下旅客和装卸作业，梁沱码头仍保持当年的繁忙景象。

重庆解放后，国家投资对这一天然良港进行了改造，建设成重庆第一座长100余米直立式岸壁码头，不用趸船便可直接停靠千吨级驳船作业；修建了下河公路，开辟了露天货场，建成缆车作业线，扩建岸壁式码头作业区，使梁沱码头水运业务和建设有了飞速发展，成为重庆市水上进出口物资主要中转站之一。

## 大佛寺码头

德国火轮"利川号"，是第一艘抵达重庆的外国轮船

大佛寺码头位于重庆市南岸区西北部的长江南岸，现南滨路江边，与江北寸滩隔江相望。大佛寺码头在元朝末年逐渐形成，因紧靠大佛寺而得名。

元至正二十三年（公元1363年），明玉珍部将、大夏国都察院邹兴在码头临江石崖上凿成摩崖造像一龛。龛高13.75米，宽10.45米，深2.55米，呈长方形竖立，两侧用条石砌成护壁，龛顶部为1984年维修时所建的歇山屋顶覆护。龛内凿弥勒大佛像一尊，高7.2米，肩宽2.4米，左手平放膝上，右手作法印，双脚赤足，踏于地上。弥勒造像简洁、明快、朴实、自然；佛像两边各雕一身双手合十的胁侍弟子立像，高2.3米。龛左侧5米岩壁处有清道光二十四年甲辰（公元1844年）题刻："大慈、大悲、大原；佛骨、佛眼、佛心。"沿江边码头石梯步拾级而上，弥勒大佛造像崖顶后依崖建有五佛殿。五佛殿为清代重檐歇山式建筑，占地面积145平方米，殿内有明永乐十九年（公元1421年）凿造的五身佛像一龛。龛内中央为如来佛的法身、报身、应身三佛并坐像，两侧雕有文殊、普贤菩萨像；佛高3.95米，佛座高2.45米，皆跏趺坐。该摩崖造像，是我国唯一可确认的农民起义军政权所凿造的摩崖造像。当地群众将临江摩崖大佛与依崖而建的五佛殿，习惯统称叫做大佛寺。洪汛时，临江摩崖大佛每为水淹，当地群众用"佛爷洗脚"、"佛爷洗澡"、"佛爷洗脸"等来表明江水上涨的高程，作为群众衡量洪水的标尺。

20世纪30年代初，大佛寺一带陆续建立工厂，特别是抗战时期，这一带厂矿企业增多，大佛寺码头多为厂矿企业装卸材料、产品等货物所用。

繁忙的码头

古代先民沿江定居,生息繁衍,渔猎生活中逐渐学会了锛扎捆于河水渡",进而学会了刳木为舟和制造木船,开始了峡江上最原始的航行。约四千年前,巴人在三峡地区兴起,古

老码头

大佛寺码头

# 唐家沱码头

　　唐家沱码头位于重庆市江北区南部的长江北岸。清初，湖广填四川，传说唐姓者在这一沱湾台地上以农为业，后名唐家沱，码头以地为名。

　　长江流入铜锣峡前，在唐家沱形成较深的回水沱。因此，唐家沱码头一带江面，水势平缓，水域辽阔，码头虽属自然岸坡，但江边沙洲碛坝开阔，坡度小，有利于船舶停靠，早在唐代就成为停泊和吞吐"万斛船"的良港。清道光年间，唐家沱码头设有义渡。由于唐家沱良好的水域交通条件，1918年，英商亚细亚石油公司曾在此建设油库。抗战时期，国民政府在此建机关、学校、工厂，逐渐成为交通方便而且热闹的水路码头。解放后，重庆造船企业在码头沿岸不断发展，唐家沱不仅成为重庆水运主要码头，还是重庆造船业主要基地之一。

20世纪初的峡江水码头

远古先民沿江定居，生息繁衍。渔猎生活中逐渐学会了筏，用于涉水渡航。进而学会了制"木为舟和荆扣造土船"开始了江上最原始的航行。约四千年前，巴人在三峡地区兴起，古代

被日寇飞机追击触礁沉没的长江运输轮船

## 明月沱码头

　　明月沱码头位于重庆市巴南区北部，在朝天门下游34千米的长江南岸，是重庆造船业主要基地之一。

　　明月沱码头水域，江宽水深，是天然良港，可常年停泊1 000吨级以上的驳船。20世纪60年代，东升造船厂在这里选址建厂，即现在的重庆造船厂。明月沱码头上起谭家塝，下至鸡公嘴，码头总长175米，设泊位5个。明月沱谭家塝为客运码头，市轮渡公司每天有客轮接运乘客；明月沱沙嘴是重庆船厂机械化程度较高的专用码头，也是明月沱靠泊能力最大的码头，能靠泊2 000吨级驳船；明月沱鸡公嘴码头因洪水时有礁石滩，平时很少使用，属季节性码头。谭家塝、沙嘴、鸡公嘴三个码头，均修建有码头公路，与市区和外环高速公路相连。

　　1930年12月24日，龙门公司"龙门"号轮，由重庆顺水而下开出后，船上发现劫匪，轮船领江失去驾驶能力，船在明月沱码头水域搁浅，造成淹死六七十人的海损事故。

## 九龙坡码头

九龙坡码头位于重庆市九龙坡区东部的长江北岸，沿长江下距朝天门12.5千米，是重庆港所属最大的货运码头。

九龙坡码头原名九龙铺，是通往黄沙溪、菜园坝江边要道的一个商业点，民国时期曾有20多户人家在这里开设茶馆、酒店、杂货铺子，以方便来往行人。早在清嘉庆《四川通志》中有"九龙"和"九龙滩"记述。清乾隆《巴县志》记有"九龙滩古迹"。1988年文物普查中，于九龙乡杨坪村长江边发现"九龙滩"石刻，因滩在江心，有九石翘首若龙而名。

1938年10月，国民政府在九龙滩附近江边原米坊码头基础上，建成九龙铺码头。码头设置了2台木架缆车和一台手摇绞车，安装了1台起重40吨的进口蒸汽浮吊，成为重庆第一座半机械化码头，被称为"洋码头"。抗战期间，九龙坡码头承担了抢运军工器材的重任，为支援抗战发挥了重要作用。1950年，九龙坡码头经过改建，成为重庆第一座水运、铁路联运的机械化码

——行驶在长江上的民生轮

——由水路涌入重庆的难民潮

头，为修建成渝铁路起卸、运送了所需的全部重要器材和设备，为成渝铁路建设立下了汗马功劳。

## 几江码头

几江码头位于重庆市江津城区的长江南岸，在朝天门上游 72 千米的江津几江镇滨江路江边。江津城区几江镇的码头，统称几江码头。

江津，以地处万里长江要津而得名。长江流经江津城区，弯弯曲曲，环绕城区外围，形成一个大大的"几"字形，码头故名几江。新中国成立前，由于江津陆路交通落后，因而水运十分发达，1300 多年前就有了码头，长江航运常年畅通。民国二十四年（公元 1935 年），民生公司在几江东门码头设置趸船，经营重庆至宜宾航线停靠江津。几江通泰门码头，历来称官厅码头，长江上下轮船及本地船舶都在此停泊，来往旅客在此乘船，为客商、货物集散之地。1938 年 8 月 3 日，陈独秀偕妻潘兰珍从重庆乘船抵达江津，就是从几江通泰门码头登岸，开始了他一生中最后的岁月。解放后，几江码头经过不断扩建，机械化设备不断增加，码头业务日益发展。1997 年 12 月 20 日，江津长江公路大桥建成通车，几江码头功能渐趋衰退。

几江通泰门码头，历来称官厅码头

几江码头东门外长江航道中,有江津莲花石枯水位题记。莲花石枯水位题记由 36 块状如莲花的礁石组成,仅在江水特枯年份的早春季节露出江面。礁石上有上自南宋乾道辛卯年(公元 1171 年),下至民国二十六年(公元 1937 年)的枯水位题记 38 处、诗词 47 首、题记年份 14 个。莲花石"常不见石,见则年丰",有丰年出水之说。江津莲花石以诗书镌刻俱佳为特色,具有较高的艺术观赏价值;其枯水位题记是水文、气象等研究的重要资料。悄然开放在水中近千年的莲花石,由于 2007 年长江水位持续下落,在时隔 20 年后,于 2007 年 2 月下旬,"莲花"水落石出,较完整地露出水面,像莲花一样在水中静静地绽放,向世人展示了自己的"庐山真面目"。据可考记载,在此之前,莲花石共出水 15 次。随着三峡水库三期蓄水进程,江津莲花石将永沉江中,今年可能是最后一次露出水面。

## 白沙码头

白沙码头位于重庆市江津区西部白沙镇的长江南岸,下游距朝天门 113 千米,与长江北岸的成渝铁路白沙火车站和滩盘码头隔江相望。

白沙码头

白沙镇，2002年被重庆市政府公布为重庆市历史文化名镇。早在北宋建隆元年（公元960年）开始建镇。历史上素有天府之国"四大名镇"之一和"四大文化区"之一的美称。紧邻成渝铁路，全镇3条公路干道，西通合江、泸州，南达贵州赤水，东至江津、重庆，地理条件优越，水陆交通极为方便。白沙码头是一个天然良港，明代曾在此设水驿站，成为川、黔多条古道水陆衔接的转换码头。清光绪年间，在白沙设盐务、碉务管理局，成为江津西部区域与贵州北部部分地区农贸物资的集散地。民国期间，粮、棉、酒、盐等物资运销较为兴旺，码头上的货运量，除几江码头外，曾居江津各码头第二位。1935年，民生公司在白沙码头设置趸船，经营航运业务。

*穿出过街楼就是白沙码头*

解放后，白沙码头经过逐年改造建设，码头基础设施不断完善，装卸机械设备较为齐全，年货运能力不断提高。

## 长寿河街码头

长寿河街码头位于重庆市长寿区的长江北岸，上游距朝天门77千米。

长寿是一座古城，具有4000多年历史。三国蜀汉章武年间（公元221—222年）置常安县；唐武德二年（公元619年）置乐温县；元末明玉珍在重庆定都建立大夏国，于大夏天统元年（公元1362年）改置长寿县，以"县东北的长寿山，居其下者，人多寿考"而名，沿袭至今。长寿城址，初在长江北岸的铜鼓坎下，即今长寿河街一带。清嘉庆五年（公元1800年），县署始迁至铜鼓坎上的凤山之上，故长寿有"凤城"之雅称。

长寿的水码头，历来主要集中在城区沿江河街一带，上下水船舶客商多在长寿河街码头过夜食宿。河街码头，既是长寿通往外地的门户，也是相邻的垫江、邻水等地区对外交往的水上通道。1925年以来，有"长庆"、"民生"等轮船往返于长寿、涪陵与重庆之间。1949年，长寿河街码头除大码头有石阶梯外，其余都是自然岸坡的简易码头。20世纪50年代后，随着国民经济的发展，工矿企业增多，港口码头货运量增大，对紧靠城区江岸的河街一带码头进行了修、改、扩建和整治。修建整治后的河街码头，是长寿客运与商业和农用物资进出的主要口岸，对来往旅客乘船，沟通城乡物资交流，活跃集市贸易，发挥了巨大作用。在长寿河街一带码头中，主要有：长寿港务站客运码头、龙舌梁码头、小岩子码头、鹞子岩码头、白沙湾码头。

长寿河街码头

长寿河街码头

## 西沱码头

西沱码头位于重庆市石柱土家族自治县北部的西沱镇长江南岸。西沱，原名西界沱，古为"巴州之西界"，因地处长江南岸回水沱而得名。与长江北岸的忠县石宝寨隔江相望。距石柱县城78千米。

西沱于秦汉时已有村落，唐宋时已是川东、鄂西边境物资集散地之一。清乾隆二十七年（公元1762年），设西界沱巡检司，当时是"川盐销楚"的要镇。1930年，设西界沱镇。据1949年统计，这里有油盐商号17家，山货商号4家，其他中西药、木材行、布匹、百货、旅栈、茶馆等70家，逢场商贩不下200个。另有佛教寺庙12座，万寿宫（江西会馆）、天上宫（福建会馆）、禹王宫（两

古先民沿江定居，进而滋水渡口为舟楫之最原始的航行。约四千年前，已人在三峡地区兴起。古代峡江水运生息繁衍，渔猎生活中逐渐学会了制土船和扎捆木为舟，开始了乡扎捆撑木古

湖会馆）等会馆多处。从中可以看出西沱码头经济的繁荣。西沱码头，交通十分方便，以长江航运与汽车运输为主。特别是水上交通，有上通重庆、宜宾，下抵武汉、上海的客货轮航线。码头、泊位、趸船、仓库、货场、输油管道设施配套齐全。

从西沱码头江边沿山脊而上，是著名的巨龙盘山云梯街。云梯街，有着久远的历史和独特的空间环境。西起码头江岸，至山上独门嘴，总长2.5千米，共113个阶梯段，1124步石阶梯。此街形似巨龙，由山顶盘旋而下，又宛如登天云梯，故称"云梯街"，当地人称"坡坡街"。街道宽约5～7米，两旁多为前店后宅的木构、砖构民居或吊脚楼，还有下盐店、禹王宫、万天宫、永成、永和商号、民亭、关庙、紫云宫、南城寺等古建筑群，以及起画龙点睛作用的南北龙眼桥。

2002年，西沱镇被重庆市政府公布为三峡库区迁建保护的传统风貌镇。2005年，国务院公布西沱镇为全国第二批历史文化名镇。

西沱码头的老民居

老码头

西沱老码头

# 白帝城古码头

　　白帝城古码头，位于奉节县瞿塘峡口北侧白帝山下的长江边上，西距奉节县城 5 千米。

　　白帝城，扼渝东咽喉，当三峡门户，为长江三峡的起点，号称："水陆津要，全蜀东门"，是历代兵家必争之地。西汉末年，公孙述据蜀，见今明良殿前白龙井时有白雾升腾，视为"白龙献瑞"，便于东汉建武元年（公元 25 年）自称白帝，曾在白帝山筑城，名白帝城。后人认为，公孙述屯兵白帝城垦田有功，便在白帝山上建白帝庙，祭祀公孙述。三国时期，蜀汉皇帝刘备兴兵伐吴，被东吴陆逊火烧连营七百里，兵败退守白帝城，将国事、家事一并托付给丞相诸葛亮，不久病死白帝城。现存的白帝城系明嘉靖三十七年（公元 1558 年）改建，白帝庙改祭蜀汉君臣，庙中的明良殿，即取"明君良臣，千古垂范"之意。明良殿内供有刘备、诸葛亮、关羽、张飞等塑像。武侯观星亭 6 角 12 柱，飞檐翘角，古色古香。在明良殿和武侯观星亭的两侧碑林，汇集了从隋至清各代碑刻 70 余块，其中以龙山公墓志碑、竹叶碑、凤凰碑、清康熙皇帝御书碑最为珍贵。

远眺白帝城古码头

古先民沿江定居，生息繁衍，渔猎生活中逐渐学会了捆扎撑木为舟和制造土船，开始了峡江水运航行"。而学会了刳木为舟"，而学会了刳木为舟"最原始的航行。约四千年前，巴人在三峡地区兴起，古代

老码头

白帝城古码头遗迹

白帝城有"诗城"之称。我国历代许多著名诗人，如郦道元、李白、杜甫、白居易、刘禹锡、苏轼、黄庭坚、范成大、陆游等都曾旅居于此，留下了无数诗篇。诗圣杜甫曾在此居住过近两年，写诗400多首。白帝山半腰的西阁为杜甫旧居遗址。刘禹锡曾为夔州刺史，他的竹枝词取材于三峡民歌，吟出了"长恨人心不如水，等闲平地起波澜"等千古绝唱。特别是诗仙李白于唐乾元二年（公元759年）春，一气呵成的《早发白帝城》更为传世名篇："朝辞白帝彩云间，千里江陵一日还。两岸猿声啼不住，轻舟已过万重山。"这首脍炙人口的绝句，令世人至今广为传诵。历史上众多的诗人墨客，接踵到白帝城寓居、游历，寄情山水，抒发心志，但他们从白帝城下江边何处登岸上山，离开白帝城时又从何处离岸上船？2003年四、五月份，三峡水库正式蓄水前夕，重庆市文物考古所在白帝山南坡脚下江边，发现了一座西晋末年的古代码头，而这座老码头，正是包括李白在内的历史上众多文人墨客上下白帝城时乘船所用的码头。

这座码头是在考古调查西晋偷水孔栈道遗址时发现的。偷水孔栈道位于白帝山南坡。由于自然破坏力的毁损和功能性的丧失，偷水孔栈道的木结构已不复存在。现残存遗迹四处：1.栈道石孔。位于白帝山南坡岩壁上，残存有上下错落排列的两排石孔，全长约100米。栈道孔不同程度遭受侵蚀，30%栈道孔的形状已模糊，尺度很难准确获得。在下排石孔上方有残碑一块，但字迹极其模糊，已无法辨认。2.吊装设备遗迹。在栈道石孔的南部江边陡壁上，现存一处颇具规模的南北向石凹槽。凹槽长约7米，宽两米多。其底部现存两条南北

白帝城古码头坡道

古先民沿江定居，生息繁衍。渔猎生活中逐渐学会了刳木为舟和制造土船，开始了峡江涉水渡航，进而学会了利用木船最原始的航行。约四千年前，巴人在三峡地区兴起，古代

老码头

偷水栈道石孔与吊装设备遗迹

缓慢上涨的江水开始淹没古码头

向的小石槽。凹槽东壁现存大小不等的四个栈孔,由于洪水的冲毁西壁仅存大小不等的两个栈孔。以上遗迹基本可以反映出这一凹槽的性质。两个小石槽及凹槽东西两壁南端底部的两个栈孔,应该是架设悬空起吊的平台遗迹。同时,凹槽东西两壁上的栈孔也是架设起吊设施吊臂的遗迹。3.城墙遗迹。位于栈道西端,现存两段石砌城墙。其中上部为宋代城墙,以石灰为黏合料,解剖过程中发现一个平面上有大量铁箭镞的存在;下部以黄土为黏合料,相对时间比宋代要早而晚于萧梁,主要时段为唐代。4.码头遗迹。在栈道石孔向白帝山下江边延伸的地方,发现当年的码头遗迹。在码头遗迹附近现存有许多大小石孔。这些石孔位于吊装设备遗迹至栈道石孔之间,可能当时是一露天木构平台,为水运货物堆放场地。

　　由于偷水孔栈道原有结构已不复存在,因此很难对其建筑结构进行剖析。而该处栈道,除《水经注》、《蜀中名胜记》历史文献中略有记载外,其他无文献可考。就现有史料和当地传说综合分析,可推断该栈道与古码头始建年代为西晋末年。西晋末,益州刺史鲍陋在白帝城被敌将谯道福率军所围,城内水源被断,鲍陋遂命工匠从白帝城出城门处至白帝城码头之间,开凿此栈道,用以取长江之水以解燃眉。因此,后人将鲍陋主持开凿的栈道,称之为"偷水孔栈道"。当年的码头遗迹,也主要为当时的战争服务。战争结束后的一般年代,

白帝城古码头与偷水栈道复原图

不乏为游历白帝城的文人雅士乘船停靠的码头。遗憾的是，在重庆文物考古所对"偷水孔栈道"及码头遗迹结束野外调查后不久，2003年6月，三峡大坝开始蓄水，"偷水孔栈道"连同白帝城古码头遗迹，随同大坝水位的上升，已经永远沉入江底。

从白帝城古码头看瞿塘峡

# 老码头

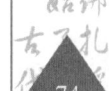

远古先民沿江定居，生息繁衍，渔猎生活中逐渐学会了绑扎筏筏用于涉水渡江，进而学会了剡木为舟和制造木船，开始古代江上最原始的航行。约四千年前，已人在三峡地区兴起。

长江黄金水道百舸争流

古先民沿江定居,生息繁衍,渔猎生活中逐渐学会了钻木取火和制造土船,开始了峡江上最原始的航行。进而学会了刳木为舟、扎排捕鱼渡水航行。约四千年前,已人在三峡地区兴起古代

老码头

扬帆启航

19世纪末的三峡官船，高悬的旌旗显示着官家的威风

## 老码头

远古先民沿江定居，生息繁衍，渔猎生活中逐渐学会了筏，开于涉水渡航，进而学会了刳木为舟和制造土船，开始古代江上最原始的航行。约四千年前，已人在三峡地区兴起古

长江险滩的惊涛骇浪

峡江行船，不进则退

老码头

19世纪末的三峡船工

远古先民沿江定居，生息繁衍。渔猎生活中逐渐学会了"刳木为舟"和荆造土船，开始了扎筏用于涉水渡航。进而学会了刳江上最原始的航行。约四千年前，已人在三峡地区兴起。古代

古先民沿江定居,生息繁衍,渔猎生活中逐渐学会了绑扎撑、浮水渡航,进而学会了刳木为舟和制造土船,开始了古代峡江上最原始的航行。约四千年前,巴人在三峡地区兴起

19世纪末的峡中山民

老码头

码头边上尽是等候拉纤的船只

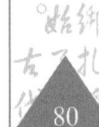

长江边的老码头

## 老码头

远古先民沿江定居，生息繁衍，渔猎生活中逐渐学会了刳木为舟和制造土船，开始扎筏用于涉水渡江，进而学会了划江上最原始的航行。约四千年前，已有人在三峡地区兴起古代

80

古代峡民沿江定居，生息繁衍，渔猎生活中逐渐学会了狩猎，学会了刳木为舟和制造舟楫，开启了峡江上最原始的航行，进而四千年前巴人在三峡地区兴起古代

峡江孤帆

老码头

长江上的帆船

19世纪末的一处峡江锚地

## 老码头

远古先民沿江定居,生息繁衍,渔猎生活中逐渐学会了绑扎筏用于涉水渡航,进而学会了刳木为舟和制造土船,开始"舟楫之利"。约四千年前,巴人在三峡地区兴起,古代峡江上最原始的航行……

82

古先民沿江定居，生息繁衍，渔猎生活中逐渐学会了制木为舟和制造出船并开始了撑篙摇橹划浆。进而学会了"木为舟"的航行。约西千年前，巴人在三峡地区兴起，古代三峡江上最原始的航行。

万州码头老石桥

滔滔长江水，漫漫人生路

老码头

长江上的外国炮舰

繁忙的朝天门码头

# 老码头

远古先民沿江定居,生息繁衍,渔猎生活中逐渐学会了扎筏用于涉水渡航。进而学会了刳木为舟和荆造土船,开始了江上最原始的航行。约四千年前,巴人在三峡地区兴起,古代

古老先民沿江定居，并于渔猎生活中逐渐学会了钻木为舟和制造出舨开始了峡江之滨的渡水航行。据学者考证，约两千年前已人在三峡地区兴起了古代最原始的航行。

峡江扬帆

与张飞庙隔江相望的云阳县城

老码头

## 老码头

远古先民沿江定居，生息繁衍，渔猎生活中逐渐学会了绑扎筏用于涉水渡河，进而学会了制"木为舟"和制造土船开始了江上最原始的航行。约四千年前，巴人在三峡地区兴起，古代

抗战时期，宜昌江面上等待驶往重庆的木船和轮船

长江边上的儿童

古代民沿江定居，生息繁衍，渔猎生活中逐渐学会了刳木为舟和制出船桨，进而学会了铆扎木排，开始了峡江上最原始的航行。约四千年前，巴人在三峡地区兴起，

老码头

"九龙奔江"上巨大的拴船孔

一个世纪以前，一艘艘船只就是这样被拉过峡谷到重庆

## 老码头

远古先民沿江定居，生息繁衍，渔猎生活中逐渐学会了"刳木为舟和制造土船"，开始扎筏用于涉水渡航，进而学会了"刻木为舟"。约四千年前，巳人在三峡地区兴起，古代江上最原始的航行。

滔滔大峡谷，何处可泊舟

古先民沿江定居，生息繁衍，渔猎生活中逐渐学会了鄡扎撑，洇水渡航，进而学会了刳木为舟，和制造出报开始了峡古在渡水学会了在最原始的航行。约四千年前，已人在三峡地区兴起，古代

老码头

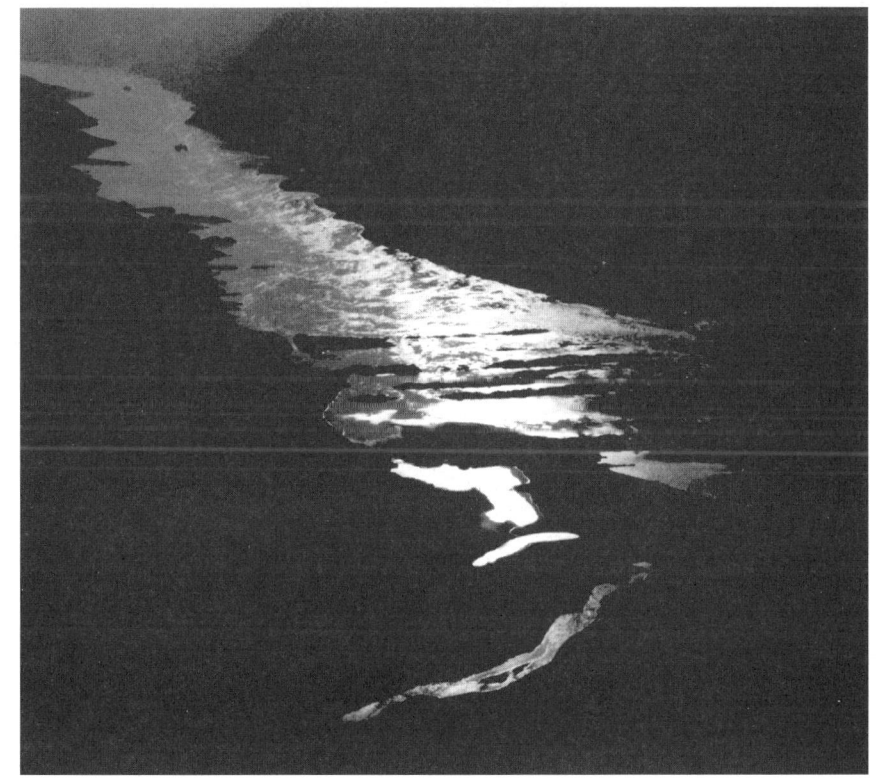

巫峡悠悠，前路漫漫

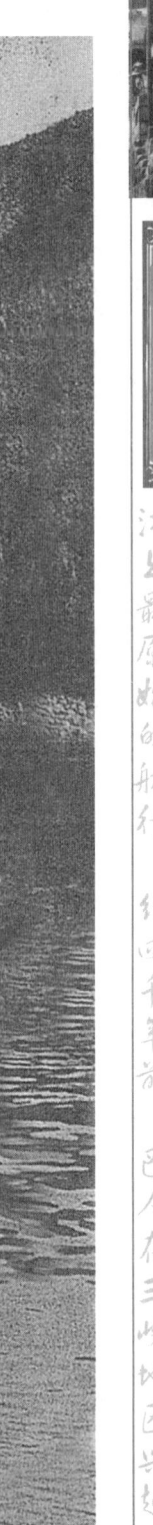

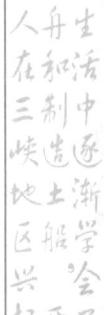

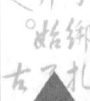

# 老码头

远古先民沿江定居，生息繁衍，渔猎生活中逐渐学会了制"木为舟"和制造土船，开始扎筏用于渡水过航，而学会了划"木为舟"，江上最原始的航行。约四千年前，巴人在三峡地区兴起，古代

奋力划桨的长江船工

古代先民沿江定居，生息繁衍。在渔猎生活中逐渐学会了绑扎桴木为舟和制造土船，开始了峡江水上漂渡航行。进而学会了刳木为舟，约四千年前，巴人在三峡地区兴起，古代三峡最原始的航行。

峡江数百里，何处是归程

巫山烟云一孤帆

老码头

搬滩

攀缘在悬崖峭壁上的三峡纤道

## 老码头

远古先民沿江定居，生息繁衍。渔猎生活中逐渐学会了绑扎筏，用于涉水渡航。进而学会了刳木为舟，制造土船，开始了江上最原始的航行。约四千年前，巴人在三峡地区兴起，古代

92

古代先民沿江定居，生息繁衍，渔猎生活中逐渐学会了绑扎棕木为舟和制造木船，开始了峡江水上航行。而学会了划水渡航，约四千年前，巴人在三峡中这兴起古代……

漫漫纤夫路

## 老码头

远古先民沿江定居，生息繁衍，渔猎生活中逐渐学会了御扎筏，进而学会了刳木为舟和制造土船，开始了江上最原始的航行。约四千年前，巴人在三峡地区兴起。

渡船

停泊在长江上的德国轮船

古先民沿江定居，生息繁衍，渔猎生活中逐渐学会了鄉扎椿，进而学会了刳木为舟和制造挞头。古代三峽地区兴起了最原始的航行。约两千年前，巴人在三峡地区已开于濯水渡航。

"船帮章程"碑刻

## 老码头

远古先民沿江定居,生息繁衍,渔猎生活中逐渐学会了绑扎木筏用于涉水渡航,进而学会了刳木为舟和制造土船,开始了长江上最原始的航行。约四千年前,巴人在三峡地区兴起,古代

命运之舟在重庆

暮霭沉沉,乡关何处

96

古先民沿江定居，生息繁衍，渔猎生活中逐渐学会了绑扎撑木为舟和制造土船，开始了峡江上的涉水渡航，进而学会了刳木为舟的航行。约四千年前，巴人在三峡地区兴起，古代最原始的航行。

万州钟鼓楼下的老码头

老码头

黄葛树为沿江码头撑起一片绿荫

## 老码头

远古先民沿江定居,生息繁衍,渔猎生活中逐渐学会了绑扎筏用于涉水渡航,进而学会了刳"木为舟"和制造土船,开始了江上最原始的航行。约四千年前,巴人在三峡地区兴起。古代

龙门浩码头上的大户豪宅

古先民沿江定居，生息繁衍，渔猎生活中逐渐学会了狩猎，进而学会了刳木为舟和制造土船，开始了峡江水上渡航，约四千年前，巴人在三峡地区兴起，古代最原始的航行于濞水。

老码头

下浩老码头

弹子石码头的石梯坎

## 老码头

远古先民沿江定居,生息繁衍,渔猎生活中逐渐学会了乘筏,用于涉水渡航,进而学会了剁"米"为舟和剁造土船,开始了长江上最原始的航行。约四千年前,巴人在三峡地区兴起,古代

龙门浩码头的小巷子

古先民沿江定居，生息繁衍，渔猎生活中逐渐学会了游水渡航，进而学会了"木为舟"和"刳木为舟"，开始了峡江上最原始的航行。约四千年前，巴人在三峡地区兴起，古代

松溉老码头

老码头

松溉码头老街

# 老码头

远古先民沿江定居,生息繁衍,渔猎生活中逐渐学会了绑扎筏,后用于渭水渡航,进而学会了刳木为舟和荆造土船,开始了江上最原始的航行。约四千年前,巴人在三峡地区兴起,古代

洛碛老码头

古代民沿江定居，生息繁衍。渔猎生活中逐渐学会了舢扎排，而学会了划水渡航"井"，而学会了制木为舟和制造出独木舟，开始了峡江上最原始的航行。约四千年前，巴人在三峡地区兴起，古代

## 老码头

松溉老码头

挂上洋旗，畅行峡江

停泊在峡江边上的小渡船

## 老码头

远古先民沿江定居，生息繁衍，渔猎生活中逐渐学会了扎筏用于涉水渡航，进而学会了刳木为舟和刳造土船，开始江上最原始的航行。约四千年前，巴人在三峡地区兴起，古代

抗战时期涌入重庆的难民潮

百年前的峡江

老码头

朝天门明代古城墙下的吊脚楼

## 老码头

远古先民沿江定居，生息繁衍，渔猎生活中逐渐学会了绑扎筏、用于涉水渡航，进而学会了刳木为舟和制造土船，开始了江上最原始的航行。约四千年前，巴人在三峡地区兴起，古僰

峡江一景

106

古代巴人沿江定居，生息繁衍，渔猎生活中逐渐学会了捆扎撑筏于湖水渡航，进而学会了刳木为舟和制造土船，开始了峡江最原始的航行。约两千年前，巴人在三峡峡区兴起"古代

登舟上船

码头的治安就靠这群人

老码头

靠岸

艰难的航程

# 老码头

远古先民沿江定居，生息繁衍，渔猎生活中逐渐学会了绑扎筏，用于涉水渡航，进而学会了刳木为舟和制造木船，开始了古江上最原始的航行。约四千年前，已人在三峡地区兴起。

108

古代巴人沿江定居,在渔猎生活中逐渐学会了"刳木为舟"。进而学会了扎木排"木排为舟",约四千年前巴人在三峡地区兴起,古代最原始的"扶航"于淯水渡航行。

老码头

码头上的"丘八"

三峡拉船人

## 嘉陵江段主要码头

嘉陵江，长江的第一大支流。从秦岭山脉南麓的陕西凤县嘉陵谷发源，九曲回肠，绕行于甘、陕、川、渝四省、市，在重庆朝天门汇入长江，全长1119千米。嘉陵江从合川观音岩入境，至朝天门两江汇合处，重庆段长137千米。

### 江北嘴码头

江北嘴码头，位于重庆嘉陵江与长江交汇处北岸，因泥沙淤积，江岸形成沙嘴而得名。与朝天门码头隔嘉陵江相望，与弹子石码头隔长江对峙。

江北城历史上曾为东汉至明清的郡、县、镇驻地。它与重庆母城隔江相望，

20世纪20年代的重庆江北城

古先民沿江定居，生息繁衍。渔猎生活中逐渐学会了编扎桴，进而学会了刳木为舟和制造土船，开始了峡江水路航渡。约四千年前，巴人在三峡地区兴起，古代峡江上最原始的航行已……

"古渝雄关"朝天门

老码头

水运交通历来十分繁忙。江北嘴码头过去一直为自然岸坡,为方便客货上下,民国年间曾修建码头梯道。据民国《巴县志》记载,码头"筑平台二,第一平台横十丈、竖六丈,第二平台横三丈、竖二丈,石梯路长十八丈、宽三丈五尺。自十七年(公元1928年)十月开工,至十八年(公元1929年)六月完成"。1966年1月,重庆牛角沱嘉陵江大桥建成通车,随后江北城与观音桥公路贯通,由江北嘴码头过河旅客相对减少。1982年,跨江客运索道——嘉陵索道建成营运。这不仅成为重庆市容一大景观,也为来往江北、渝中的市民带来极大方便,江北嘴码头客流量逐渐减少。

## 临江门码头

临江门码头位于重庆市渝中区北部嘉陵江南岸。因上岸直通临江门,故随门名。

从嘉陵江上游来重庆城,首经临江门。因此,临江门码头是嘉陵江水运货物入城的主要通道之一。城门距嘉陵江边较远,城门与江岸码头之间是一片较为宽阔的缓坡台地,为临江门正街,这条街市街面宽敞,街巷很多,较其他城门外街市更为繁盛。临江门码头也是重庆城的水运大

*嘉陵江边好泊船*

*临江门码头*

112

码头之一，沿江岸边码头较多，有正码头、新码头、大码头、石灰码头等。临江门码头主要为糖类、石灰等水运货物的集散地。从临江门码头沿嘉陵江河岸转向北行，可到合川，直通川北。但这条沿江小道坎坷不平，崎岖难走，通行颇受限制。1944年，由一些木船老板集资组建的"渝工轮船公司"在临江门码头正式开航轮渡，靠着三艘烧木炭的木质船壳轮渡，两只趸船，开行临江门至香国寺、临江门至刘家台两条航线。重庆解放后，该公司与另一家私营"重庆轮渡股份有限公司"合并，组建了"重庆市轮渡公司"，临江门码头的航运船只才日渐改善。20世纪50年代，市有关部门曾在临江门正街的上口兴隆台街修建下河缆车，连接水上运输，方便上下码头的群众。由于嘉陵江水位差幅很大，靠船的码头常年移动，不能固定，

千厮门的货栈库房

群众乘坐缆车很不方便，缆车不能起到预期作用，不久就停运废弃了。

1966年1月20日，牛角沱嘉陵江大桥建成通车，临江门码头客货运业务开始逐渐萎缩；1999年12月，嘉陵江黄花园大桥落成通车，该码头货运业务停止。码头有可停靠200～500吨级泊位4个，仅用于停泊驳船。

## 千厮门码头

千厮门码头位于重庆市渝中区北部偏东的嘉陵江尾部南岸一侧。千厮门最早建于宋代，南宋嘉熙二年（公元1238年）四川安抚制置副使、兼知重庆府彭大雅戍守重庆，为抗击凶悍的蒙军侵犯，加强城防建设，抢修筑城。据史料记载，筑有洪崖门、千厮门、太平门、薰风门、镇西门等五道城门，千厮门为五门之一。明初戴鼎筑建的"九开门"之一，亦有千厮门。门名千厮，出自《诗·小雅·甫

千厮门的石梯坎

洪崖洞下的镇江寺

**老码头**

远古先民沿江定居,生息繁衍,渔猎生活中逐渐学会了"刳木为舟"和制造土船,开始了扎筏,用于涉水渡航,进而学会了江上最原始的航行。约千年前,巴人在三峡地区兴起,古代

114

## 老码头

古先民沿江定居,生息繁衍,渔猎生活中逐渐学会了绑扎捆扎樯,进而学会了刳木为舟,孤制造土船,开始了峡江水渡航行。约四千年前,巴人在三峡地区兴起,古代最原始的航行。

千厮门码头的石梯坎

## 老码头

远古先民沿江定居，生息繁衍，渔猎生活中逐渐学会了绑扎筏用于涉水渡航，进而学会了刳"木为舟"和制造土船，开始了古代江上最原始的航行。约四千年前已有人在三峡地区兴起。

嘉陵江口

繁忙的老码头

田》"乃求千厮仓，乃求万厮箱。黍稷稻粱，农夫之庆。报以介福，万寿无疆"。寓意此城门内外，有千仓万仓、丰收满仓之意。码头亦随门名。

　　千厮门码头对岸为重庆江北老城，码头距两江交汇处的朝天门仅500米左右，水运历来十分繁忙。汉晋时期，千厮门码头已是重庆溯嘉陵江而上，经合川、南充、阆中、广元，直接通往汉沔一带的重要门户。因此，千厮门码头沿江河岸一带，码头泊位较多，有正码头、水码头、炭码头、纸码头、盐码头、王家码头、贺家码头等。水运物资以纸、盐、炭、棉花、牛羊皮及粮物等货物为主。南宋末年，这里曾是重庆府抗击蒙古军队进攻的主要前沿阵地之一。明清时期，四川食盐经千厮门码头销往嘉陵江上游一带，直至陕西。

　　千厮门码头在解放后进行了改扩建，增添了客货趸船，目前在朝千隧道立交桥下附近沿江河岸设置有渝港1码头、2码头，有泊位9个，停靠100～3000吨级船舶，主要用于客运与杂货运输。

## 磁器口码头

　　磁器口码头位于重庆市沙坪坝区东部嘉陵江南岸，沙滨路尽头江边。磁器口旧称龙隐镇，民国《巴县志》记载，"龙隐镇水陆交会，极便舟楫，为重庆

磁器口码头

磁器口码头

城西之重镇。"嘉陵江流经磁器口一带形成较深的回水沱，江面开阔，水势平缓，船舶停靠十分方便，由于磁器口优越的地理位置，自古以来便为嘉陵江下游的天然良港和商贾云集的物资集散码头，素有"小重庆"之称。

　　磁器口码头以出产和远销瓷器而得名。1918年，地方商绅集资在附近青草坡创建新工艺烧制瓷器的"蜀瓷厂"，瓷器质地良好，品种较多，远销外地，名声渐大，逐渐以"磁器口"名代替了"龙隐镇"。1925年，庆磁航业股份有限公司在磁器口成立，购置木壳船"庆磁"号、"庆合"号两艘，航行于磁器口与临江门之间。稍后，又购置较大的铁壳船"庆安"号、"庆复"号两艘，扩大营运业务，在磁器口、中渡口、临江门设有专用趸船停靠，日平均客运量约1800人次。1926年，民生公司成立，实力较庆磁公司更为雄厚，轮船航运业遂在嘉陵江上发展起来。磁器口商业繁盛历史悠久，清末即有机器缫丝工厂在此兴办。20世纪30年代初，小龙坎至磁器口的渝磁公路通车后，四川乡村建设学院、四川中心农事实验场、六一气象台、重庆电力炼钢厂先后创办于此。磁器口因其工商繁盛，文教发展，人口众多，而成为巴县首镇。抗战爆发后，迁入磁器口地区的文教机构、工厂和政府机关达30多个，人口激增，商业更为繁荣，有各类商号、货栈、作坊1670多家，摊贩760多户，加入商业同业公会人员达1800余人，每天有300多艘货船出入磁器口码头。这一时期的磁器口，发展到了空前阶段，遂成为沙磁文化区的商业中心。

　　20世纪60年代后期，磁器口码头随着沙坪坝区商业中心的转移和水运交通的衰落而趋于萧条。20世纪90年代中期，磁器口古镇经过统一规划，房屋、街道经过修葺整治，保留了清代与民国时期的风貌。2002年4月，磁器口被重庆市人民政府公布为重庆市历史文化传统街区。今日的磁器口码头，已成为中外游人休闲、旅游的胜地。

## 北碚码头

北碚码头位于重庆市北碚区城区朝阳街办的嘉陵江南岸，沿嘉陵江顺流而下距朝天门55.5千米。

北碚，原属巴县一小乡场，因地处重庆之北，有巨石横亘至嘉陵江中，称"碚石"，故名北碚。清初，为巴县五镇之一。1927年初，卢作孚出任北碚峡防局局长时，北碚仅有居民300余户，人口2000余，在嘉陵江峡区是个小小的商业中心。卢作孚着手地方建设，实施统一规划，北碚逐渐发展起来。抗战期间，作为"陪都"迁建区，部分政府机关、大专院校、科研机构、文化单位先后迁建北碚，形成大后方闻名遐迩的文化区。1942年，北碚改为朝阳镇，故北碚码头又名朝阳码头。

1926年7月，民生公司始航重庆至合川航线，北碚码头始有轮船停靠。北

北碚码头

碚码头除客运外，货运中大部分为煤炭。北碚主要矿产为煤炭、硫铁矿、石灰石、石英砂、石棉、石膏等，尤以煤炭和硫铁矿藏量最丰最优。自明代以来，煤炭和矿石的开采就较为发达，日产煤以千吨计，沿江形成煤炭、石灰、矿石码头泊位数十个。清末民初，有大小煤窑50多家，每天码头均有数百人挑煤上船营生，遂使北碚码头兴旺起来。20世纪60年代以来，北碚码头经过改造建设，成为北碚港区主要的客运码头和货运码头，年通过能力近30万吨。北碚煤藏丰富，煤质优良，远近闻名，通过轮船航运，近销重庆、南充、遂宁等地，远销湖北、江苏等省区。70年代末，随着襄渝铁路建成营运，码头货运业务开始衰减，货物逐步弃水走陆。

## 合川钓鱼城水军码头

钓鱼城水军码头位于重庆市合川钓鱼城下南北两面的嘉陵江边。

钓鱼城，位于合川区境内的钓鱼山上，是南宋时期在钓鱼山上修筑的一座石头城。宋端平二年（公元1235年）宋蒙战争全面爆发后，北方蒙军不断入川侵扰。南宋四川制置使和地方将帅，先后四次在钓鱼山上筑城、扩城，以图险保民，抗御入侵。钓鱼城经过多次修筑，成为我国古代冷兵器时代筑城防御史上的丰碑。从1243年余玠率蜀建城起，至1279年王立开城降元止，在36年的抗战中，固若金汤，发挥了重要作用。水军码头，就是这一时期修建的。码

钓鱼城水军码头　　　　合川船帮《永定章程》石碑

头的修建是为当时停泊艨艟、走舸、斗舰等战船和训练水军之用。码头长70米，宽60米，用大条石砌成梯级，十分牢固。700多年来，几经洪水淹没冲击，虽有部分毁损，但大部分保存较好，时至今日，仍为过往船只停泊处。

水军码头遗址

## 老码头

远古先民沿江定居，生息繁衍，渔猎生活中逐渐学会了绑扎筏用于涉水渡航，进而学会了剖木为舟和制造土船，开始古江上最原始的航行。约四千年前"巴人在三峡地区兴起"，

千厮门码头

古老的民族沿江定居，生息繁衍，渔猎生活中逐渐学会了"刳木为舟"和制造土铙开始了峡江上最原始的航行。约两千年前，已人在三峡地区兴起"古代

俯临嘉陵江的日本领事馆

老码头

临江门的老民居

# 乌江段主要码头

乌江，长江的另一大支流。发源于贵州西部乌蒙山东麓威宁县境香炉山，从草海出发，浩浩向南，穿行于高山峡谷，东北流入重庆酉阳县，西北由涪陵汇入长江，干流全长1037千米，重庆境内长234.9千米。

## 龚滩码头

龚滩码头，位于重庆市酉阳土家族苗族自治县北部龚滩镇阿蓬江与乌江交汇处，距酉阳县城79千米。

龚滩，为2002年重庆市政府公布的重庆市历史文化名镇，有1700多年历

龚滩二河坝码头

古代巴人在三峡地区兴起，约四千年前，进而学会了制木为舟和制造出纸，开始了峡江水渡航行，最原始的航行于沿江定居，生息繁衍，渔猎生活中逐渐学会了钉扎捆古先民沿江定居

老码头

乌江险滩

老码头

远古先民沿江定居，生息繁衍，渔猎生活中逐渐学会了绑扎筏，用于涉水渡航，进而学会了刳"木为舟"和制造土船，开始了江上最原始的航行。约四千年前，"巴人"在三峡地区兴起，古代

乌江纤道遗迹

龚滩大河渡口

古代先民沿江定居，生息繁衍。渔猎生活中逐渐学会了"刳木为舟"和制造土船，开始了峡江水域的航行。进而学会了绑扎捧——最原始的航行工具。约四千年前，巴人在三峡地区兴起。

过江的背夫

老码头

乌江和阿蓬江交汇处

史。阿蓬江、乌江两江交汇，使这里历史上一直为水运繁忙的码头，因而龚滩古镇历来是万商云集的要埠。蜀汉后主时期，曾于此设汉复县，并为涪陵郡治所在地，庞统之子庞宏为涪陵郡令曾驻署于此。唐代时，此地设洪杜县。清雍正十三年（公元1735年）"改土归流"后，置酉阳直隶州时，于此设州判佐理州事。光绪年间，陕西商人为汇集本籍同业人士，在龚滩先行修建西秦会馆。渝、涪、江津帮商贾，也云集龚滩，上运大宗食盐及日用百货，下行大量生漆、桐油、粮食、山货等。民国时，此地分设县佐。抗战爆发后，龚滩更是川盐济湘最大水陆转运码头，出现十余家较大盐号与百余家商号。当时的龚滩码头，商贾、力夫、纤夫往来于此，成为热闹的商业集镇。随着公路建设的发展，龚滩码头辉煌不再。如今，彭水水电工程动工兴建，龚滩古镇已开始整体搬迁，龚滩码头将成为历史，永沉江底。

阿蓬江渡口的"义渡"刻石

龚滩码头

老码头

远古先民沿江定居，生息繁衍，渔猎生活中逐渐学会了编扎筏，用于涉水渡河航行。进而学会了刳木为舟，制造土船开始了乌江上最原始的航行。约四千年前，巴人在三峡地区兴起，古代

古先民沿江定居，主要繁衍，渔猎生活中逐渐学会了绑扎桴，进而学会了刳木为舟，知道制造土船，开始了峡江水渡航行。约四千年前，巴人在三峡地区兴起，古代最原始的航行。

老码头

乌江纤夫

# 羊角碛码头

羊角碛码头位于重庆市武隆县西北18千米的羊角镇乌江南岸河畔。南宋时称西岸场，因辖区乌江盐井峡有盐，而设熬盐灶四百眼，产盐颇丰，即形成羊角盐场。清乾隆五十年（公元1785年），盐场背后李家湾山崩，乱石泥流在乌江边堆积成碛，形成巨大碛坝，将平缓江面变为2 500米险滩，江抱碛坝，形似羊角，故名羊角碛。

清光绪三十四年（公元1908年）置耀德乡，1930年改称羊角镇。

自五里滩形成后，羊角碛变成乌江航运的中转码头。由于羊角碛码头水域滩险流激，上下往返船只必须卸载转滩，请滩师导航，纤夫拉船，轻舟过滩。过滩后，再请码头搬运工将所卸货物搬运到上、下滩口

羊角碛乌江边上的烈女岩巨石

羊角碛渡口

清乾隆五十年，因泥石流形成的巨大碛坝

上船，方能继续行驶。于是，从上滩口到下滩口之间，修起长2500米，宽4米，中间铺两行石板路的转滩专用道路，也称驳道。转载工将盐、粮、百货、山货等过滩物资，用拉板车、推鸡公车、肩挑背扛进行装卸中转。每天有上百条木船通过羊角碛险滩，六七百名转载工装卸转运货物。两百多年来，水运繁忙，商贾云集，贸易繁盛，设有裕华、天字、荣宝等店铺、商号、典当铺共20多家，大小街道十多条。市场繁荣，商业兴旺，誉为"小涪州"，羊角镇成为乌江流域的四大名镇之一。

羊角碛码头上滩口一巨石上，刻有为纪念咸丰年间抗匪奸淫投江自杀的梅节弟而开凿的"烈女岩"大字并序；有民国十五年（公元1926年）郭汝栋师长为调解搬运工与盐商的矛盾而镌刻的"布告"。有民国二十八年（公元1939年）为纪念乌江工程局整治乌江航道和小轮船试航成功所凿的"人定胜天"石刻。由于当年在码头运货拉船的男女卸载工，出力出汗，形成天天洗澡和打扫室内外环境卫生的历史习惯，人们一到羊角碛，便有清洁爽朗之感。故羊角镇于20世纪五六十年代，被评为全国文明卫生镇。七八十年代国家下大力气根治五里滩，礁石、险滩被炸掉，几千年来人拉滩、牛绞滩、电绞滩的历史逐步结束。而今所有过往船只有惊无险，如履平地。

羊角碛码头巨石上的民国石刻

## 老码头

远古先民沿江定居，生息繁衍，渔猎生活中逐渐学会了刳木为舟和削造土船，开始了绑扎木筏用于涉水渡航，进而学会了驾舟行筏。约四千年前，巴人在三峡地区兴起。古代江上最原始的航行

20世纪50年代青滩特有的人力绞关，用它代替纤夫拉拽船只过滩

# 其他河流码头

重庆市域内江河纵横，水网密布，除长江、嘉陵江、乌江外，流域面积在3000平方千米以上的河流有10条，流域面积在30～50平方千米以上的河流有436条。

## 安居码头

安居码头，位于重庆市铜梁县北部的安居镇琼江与涪江交汇处。陆路距铜梁县城20千米；水路，溯涪江而上85千米抵潼南，顺流而下经合川到朝天门138.5千米。

琼江、涪江交汇处的安居码头

安居，是 2002 年重庆市政府公布的重庆市历史文化名镇。明成化十六年（公元 1481 年）设安居县治，清康熙六十年（公元 1721 年）建铜梁安居镇。在以水运为交通动脉的时代，安居自古享有铜梁交通门户的盛誉。由于琼、涪两江交汇的特殊地理位置，安居码头历来帆樯蚁聚，商贾云集，贸易繁盛，而且是兵家取道涪江的要塞与屯兵扎寨的处所。明代以后，铜梁煤、纸、铁等工业品问世，安居码头为这些物资的重要集散地。民国时期，安居码头货运以粮、煤、盐、纸为主，其次为百货、丝、棕、锅、酒、生猪、陶器等。1949 年，安居码头货物吞吐量约 3 万吨。解放后，港口码头进行了改建，装卸运输工具进行了革新，设置了梯形货场，20 世纪 60 年代前后，码头年平均吞吐量达到 14 万吨。70 年代末，上游修电站碍航，区乡公路网形成，物资流向改道，安居码头货运量逐渐下降。安居码头总长 235 米，泊位 8 个，靠泊能力均为 60 吨级。

安居依山傍水，风光旖旎，景色迷人。历史上的"安居八景"和"九宫十八庙"闻名遐迩。据清光绪元年（公元 1875 年）《铜梁县志》载，安居八景有"化龙钟秀"、"飞凤毓灵"、"波仑捧月"、"石马呈祥"、"琼花献瑞"、"紫极烟霞"、"关溅流杯"、"圣水晚眺"等，八大景观美妙绝伦，首推"波仑捧月"，历代文人留下了不少题咏诗文。波仑寺至今还残留有唐代诗人韩愈的"鸢飞鱼跃"和宋代书法家米芾的"第一山"石刻。秀丽佳境，自古颇受佛道青睐。从唐代开始，安居一带陆续有寺庙兴起，至明清最为鼎盛。先后建起九宫十八庙，人们凭借镇北山下紫云宫、镇东东岳庙、镇西万寿宫和玄天宫的残垣断壁，还能想象当年九宫十八庙的壮观情景。

**老码头**

远古先民沿江定居"，进而学会了制"木为舟和造土船"开始扎筏之用于涪水渡行。约四千年前，巴人在三峡地区兴起。江上最原始的航行渔猎生活中逐渐学会了"刳木为舟"，渔猎生息繁衍古代

安居码头小渡船

古老先民沿江定居"生息繁衍"渔猎生活中逐渐学会了刳木为舟和制造土船开始了峡江上最原始的航行。约四千年前"巴人在三峡地区兴起"古代于浣水渡航进而学会了绑扎撑

老码头

安居码头端午节的传统戏曲演出

安居码头端午节的龙舟竞赛

# 路孔码头

路孔码头，位于重庆市荣昌县东部的路孔镇赖溪河边，公路距荣昌县城14千米。

路孔，是以丰厚的文化底蕴和旖旎的水乡风光而闻名的历史文化名镇。清代在境内设有大荣寨，有集市称路孔场，民国初建路孔乡，1993年12月建为路孔镇。发源于大足县境内的赖溪河，斜贯路孔全境。唐代以来，赖溪河一直以舟楫之利，为古昌州（今荣昌、大足）通江出海的重要通道，也是当地生活物资的主要运输途径。在路孔，赖溪河被白银石滩阻断，分为上下两段。在过去以水路为主的岁月里，正是白银石滩的阻断，路孔水码头自然分为上下两个，造就了路孔码头与古镇的繁荣。上游码头叫牛市坝码头，下游码头叫沱湾码头。

路孔的沱湾码头，又称路孔漕运码头，始建于北宋真宗咸平元年（公元998年），明、清时期曾多次修筑、改建。该码头由三个平台组成，有石梯步台阶

路孔码头

86级通路孔古镇大荣寨狮子门。南宋时，路孔出产的贡品蜂蜜便在沱湾码头装船发运杭州。路孔的牛市坝码头，又称上码头，亦始建于北宋真宗时期。该码头是荣昌、大足物产出川中转站，在历史上发挥过重要作用。因码头上面为荣昌、大足两县牛羊交易市场，故得牛市坝名。当年，船帮水运货物到路孔码头，必须换船，即：把上游运来的货物，搬运到下游码头的船上。相反亦然。当地人叫"翻坝"，又叫"转载"。今天，路孔码头水运繁忙的景象已不复存在，而码头遗址尚在，名称仍沿用如昨，保存着历史的记忆。2002年4月，重庆市政府公布路孔镇为重庆市历史文化名镇。

日月门外就是码头

路孔赖溪河畔的小码头

# 龙潭大码头

龙潭大码头位于重庆市酉阳土家族苗族自治县东南部的龙潭镇湄舒河（即龙潭河）江西潭右岸，万寿宫左下侧。

龙潭镇，原址梅村，因地处伏龙山下，有两洼地圆如龙眼，积水成潭，故名。后因火灾方迁现址。龙潭河由北向南穿境而过，水运十分方便。抗战时期，沿海企业及国民政府部分后勤机关迁驻酉阳县龙潭境内，商业贸易曾十分繁荣。龙潭码头还是川盐济湘，湘粮济川的重要通道。

龙潭大码头始建于清乾隆四十七年（公元1782年），至今保存完好。码头为条石结构，由踏道、拴船孔和码头碑组成。踏道均为阶梯式，约一半踏道没入水中。南段（下码头）岸上踏道5级，每级长32米，宽0.3米，高0.18米。北段（上码头）下部踏道9级，呈弧形，每级长11.5米，宽0.3米，高0.18米；北段上部踏道46级，呈直线，每级长4米，宽0.3米，高0.18米。码头拴船孔，直径0.13米。码头碑高1.44米，宽0.61米，镶嵌于万寿宫北墙。碑文阴刻竖写18行，其中碑文4行166字。碑记：大清乾隆四十七年壬寅季冬月上瀚吉

酉阳龙潭大码头（上码头）

酉阳龙潭大码头北段（上码头）

旦公立。从乾隆年间至民国末年，龙潭码头一直是龙潭通往湖南常德的水运码头，为主要交通要道。

龙潭古镇的风土民情，古朴淳厚。居民多为土家族，喜开姑表亲，有"姑家女，伸手取；舅家要，隔河叫"的说法。龙潭土家族人生儿育女，有用鸡报喜的独特风俗；有打家伙、唱汉剧、打围鼓等文娱活动；每年八月十五，古镇百姓在码头点香灯、驾云车祭祀月光大神，祈求五谷丰登、六畜兴旺；端午节，除传统的龙舟竞渡外，还有拖干龙、鸭子龙、泼水龙、水上河灯等习俗，据说，能驱瘟逐疫，消灾免难。这些民风民俗活动都有几百上千年的历史，至今绵延不绝。

龙潭人杰地灵，从龙潭大码头上曾走出过许多献身中国革命事业的仁人志士。1915年，少年赵世炎离开故乡，从龙潭大码头乘船出发，走上革命道路，成为一名伟大的无产阶级革命家，中国共产党的创始人之一，最后献身革命事业，在中国革命史上留下了光彩照人的篇章。1919年，原全国人大委员长李鹏的母亲赵君陶、中国工人运动著名领袖赵世炎三姐赵世兰，当年也从龙潭大码头乘船出发，走上革命道路。1924年夏，刘仁同志（原北京市第一常务副市长）考入华北大学附属中学，从龙潭大码头乘船出发，离开故乡，踏上革命征途。

2002年，重庆市政府将龙潭镇公布为重庆市历史文化名镇。2003年，龙潭镇被国务院公布为全国第一批历史文化名镇。

# 老关嘴码头

老关嘴码头，位于重庆市开县旧城老关嘴街头的东河与南河交汇处附近。老关嘴码头为石梯步码头，始建年代不详。日常停靠木船40来艘，最多时停靠木船达200余艘。主要装卸煤、盐、粮食、桐油和日用品百货等货物。宋代，仅盐一项货物的吞吐量就达10余万千克。1954年公路开通前，码头货物吞吐量达75 300余吨。1960年，公路运输部分货物外，老关嘴码头货物的吞吐量达262 000余吨。1968年，在彭溪河云阳县高阳区青树子修建小江电站后，河床提高加速，水运事业逐渐衰减至零。原停靠码头从事水运的木船，纷纷流向湖北、湖南等地。该码头现逐渐被泥沙埋掉6～7米，现存约3米左右。

随着交通事业的发展与改变，老关嘴码头已基本丧失原有功能。仅有少许人从此过渡，夏季有渡船、冬季有木板桥方便过往行人。随着三峡水库三期蓄水进程，开县旧城将逐步被全部淹没，老关嘴码头也将彻底淹没于水中。

老关嘴码头

古老先民沿江定居，生息繁衍，渔猎生活中逐渐学会了刳木为舟和荆竹扎撑，进而学会了制米、开峡，约四千年前，巴人在三峡地区兴起，古代三峡上最原始的航行已经……

巫山县的盐积船

老码头

巫溪宁厂老码头

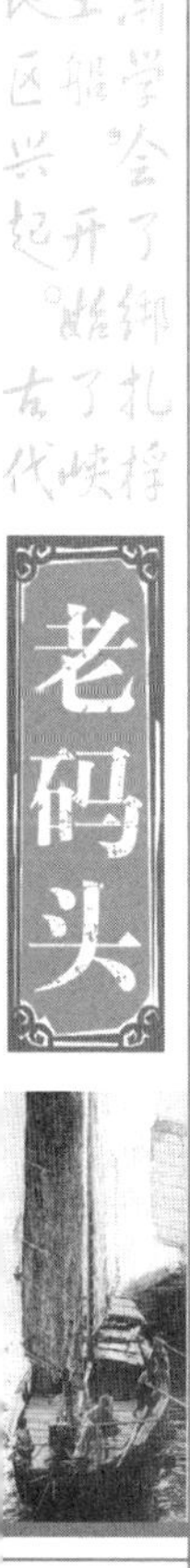

中山姜家码头

中山镇笋溪河古码头

## 老码头

远古先民沿江定居，生息繁衍，渔猎生活中逐渐学会了绑扎筏用于涉水渡航，进而学会了剁"木为舟"和制造土船，开始了江上最原始的航行。约四千年前，巴人在三峡地区兴起，古代

142

古先民沿江定居,生息繁衍,渔猎生活中逐渐学会了锯扎橙于溺水渡航,进而学会了刳木为舟和制造土船,开始了峡江最原始的航行。约四千年前,巴人在三峡地区兴起,古代

## 老码头

塘河镇古码头

## 老码头

远古先民沿江定居，生息繁衍，在渔猎生活中逐渐学会了御水，进而学会了刳"木为舟"和制造出船筏，开始了江上最原始的航行。约四千年前，已人在三峡地区兴起。古代

后溪小码头

酉水老码头

144

古先民沿江定居，生息繁衍，渔猎生活中逐渐学会了铆扎栓于涉水渡航，进而学会了刳木为舟，创造出筏、舟、开始了峡江最原始的航行。约四千年前，巴人在三峡地区兴起，古代

石堤下码头

老码头

酉水河畔古码头

## 老码头

远古先民沿江定居,生息繁衍,渔猎生活中逐渐学会了织扎木筏用于涉水渡航,进而学会了刳木为舟砍制造土船,开始了江上最原始的航行。约四千年前,巴人在三峡地区兴起,古代

石堤下码头

古代三峡地区兴起。古先民沿江定居，生息繁衍，渔猎生活中逐渐学会了扎排，进而学会了刳木为舟和制造土船和开始了乡，约四千年前，已人在三峡地区兴起。古代滑水渡航，最原始的航行。

洪安渡口

**老码头**

乌江码头石梯坎

## 老码头

远古先民沿江定居，生息繁衍，渔猎生活中逐渐学会了绑扎筏，用于涉水渡航，进而学会了刳木为舟和制造土船，开始了江上最原始的航行。约四千年前，"巴人在三峡地区兴起"，古代

码头小茶馆

码头岸上的拴船洞

古先民沿江定居,生息繁衍,渔猎生活中逐渐学会了"浮水渡航",进而学会了刳木为舟和制造土船,开始了峡江最原始的航行。约四千年前,巴人在三峡地区兴起,古代

云阳码头,能看到江岸烧盐的浓浓蒸气

沿后溪河而建的宁厂古镇

老码头

老码头

远古先民沿江定居，生息繁衍，渔猎生活中逐渐学会了绑扎木筏用于涉水渡航，进而学会了刳木为舟和割选土船开始了江上最原始的航行。约四千年前，已人在三峡地区兴起，古代

江边小码头

150

古先民沿江定居，生息繁衍，渔猎生活中逐渐学会了绑扎撑于滑水航行，进而学会了刳木为舟和制造土船，开始了"峡江木船"的航行。约四千年前，巴人在三峡地区兴起，古代最原始的航行。

江边渡口

港口